国家社科基金
后期资助项目
GUOJIA SHEKE JIJIN HOUQI ZIZHU XIANGMU

城市创新能力评价体系构建与分析

A Construction and Analysis Research of City Innovative Evaluation System

郭华巍　著

中国社会科学出版社

图书在版编目（CIP）数据

城市创新能力评价体系构建与分析／郭华巍著．—北京：中国社会科学
出版社，2018.6

ISBN 978 - 7 - 5203 - 2433 - 5

Ⅰ.①城… Ⅱ.①郭… Ⅲ.①城市经济—国家创新系统—系统评价—中国
Ⅳ.①F299.2

中国版本图书馆 CIP 数据核字（2018）第 091091 号

出 版 人	赵剑英	
责任编辑	王 茵	马 明
责任校对	杨 林	
责任印制	王 超	

出　　版	中国社会科学出版社
社　　址	北京鼓楼西大街甲 158 号
邮　　编	100720
网　　址	http://www.csspw.cn
发 行 部	010 - 84083685
门 市 部	010 - 84029450
经　　销	新华书店及其他书店

印刷装订	北京君升印刷有限公司
版　　次	2018 年 6 月第 1 版
印　　次	2018 年 6 月第 1 次印刷

开　　本	710×1000　1/16
印　　张	12.75
插　　页	2
字　　数	229 千字
定　　价	56.00 元

国家社科基金后期资助项目

出 版 说 明

后期资助项目是国家社科基金设立的一类重要项目，旨在鼓励广大社科研究者潜心治学，支持基础研究多出优秀成果。它是经过严格评审，从接近完成的科研成果中遴选立项的。为扩大后期资助项目的影响，更好地推动学术发展，促进成果转化，全国哲学社会科学规划办公室按照"统一设计、统一标识、统一版式、形成系列"的总体要求，组织出版国家社科基金后期资助项目成果。

全国哲学社会科学规划办公室

前　　言

本书系统地阐述了创新型城市、城市创新系统、城市创新能力的内涵、特征及三者间的关系，提出城市创新系统是创新型城市的核心系统，城市创新能力是城市创新系统功能的集中体现，是衡量城市创新系统运行情况的综合指标。根据创新型城市理论和城市创新系统的理论，构建了基于主体（Subject）—对象（Object）—过程（Process）的城市创新系统理论模型（简称 SOP 模型），从三维层面对创新型城市的建设过程做了基础建模。

本书探索了城市创新能力评价指标体系的构建方法，从 SOP 模型出发，提出城市创新系统是由创新主体子系统、创新资源子系统、创新环境子系统和创新绩效子系统构成，根据子系统内部及各子系统之间相互联系、相互作用的运行机制，提出城市的创新要素投入、创新环境支撑与创新产出水平三大元素构成创新能力，并以此构建评价指标体系反映城市创新能力。在此基础上，对 32 个指标构成的原始指标体系进行了聚类分析、非参数检验、Kano-Ihara 拟合优度分析等，由此对评价指标进行筛选，形成了由 24 个指标构成的更具科学性、更为精简的由城市创新能力评价指标体系。

本书运用结构方程模型对城市创新能力进行研究，通过结构方程分析方法重点分析了中国 289 个地级和副省级城市创新产出水平与创新要素投入水平和创新环境支撑水平的内在关系，通过拟合优度检验和模型修正，构建了城市创新能力的结构方程模型。然后再运用数据包络法对副省级城市及较大规模城市进行比较分析，进一步明确城市创新能力与相关要素的关联关系。最后评价了宁波在 15 个副省级城市及较大规模城市中创新投入与创新产出状况，分析了创新城市的绩效问题。根据上述评价研究的结果，进行相关城市间的比较分析，重点结合宁波创新型城市建设战略的实施，以宁波为案例进行分析，给出了具有针对性的对策、举措、建议。

本书通过理论建模、指标构建、创新研究方法，对中国创新型城市进行了点面结合式的分析，结论令人满意。

对城市创新系统理论模型的研究结论有：创新型城市所涉及的主体、对象和过程三者之间是相互联系、相互作用的，政府、企业和高校科研机构三者之间的互动，可形成参与式治理结构，这是实现创新型城市创建成功的保证。通过对知识、技术、制度和服务进行管理，充分发挥政府、企业和高校科研机构的各自职能，能够实现创新型城市从运行到扩散的平滑过渡。

对创新型城市评价指标体系的研究结论有：通过初选和完善，在定性确定创新型城市指标原始指标体系的基础上，以聚类分析、非参数检验、Kano-Ihara 拟合优度分析和相关性分析等综合定量分析技术，对原始指标体系进行简化、有效性检验及显著性检验，可得到更具科学性和代表性的创新型城市指标体系。

运用结构方程模型对创新型城市进行研究所得出的研究结论有：创新要素投入水平和创新环境支撑水平呈高度的正相关性；全社会研发经费投入占 GDP 比重（%）、每万人人才数（人）、全社会 R&D 人员全时当量（人年）对创新要素投入水平的影响比其他观测变量大；年度授权专利数（件）、中国驰名商标数（个）、认定登记的技术合同成交额（亿元）、市级以上科技进步奖数（项）、人均 GDP（元/人）对创新产出的影响比其他观测变量大；规模以上工业劳动生产率（万元/人）、万元 GDP 综合能耗（吨标准煤/万元）对创新产出的影响相对较小，而人均 GDP（元/人）与规模以上工业劳动生产率（万元/人）密切相关等。

运用数据包络法对创新型城市进行研究所得出的研究结论有：各地对投入产出的绩效普遍都比较重视，其中副省级城市政府在创新环境营造方面已经给予了足够支持。其中，深圳的城市创新能力相比较于其他城市优势明显，而宁波的城市创新机制与先进城市相比并不明显，且城市创新能力在投入方面的增长空间非常小。

对宁波建设创新型城市的政策建议有：以创新要素投入为前提，不断提升城市创新能力；以创新环境支撑为基础，营造有利于创业创新的良好氛围；以提高创新产出能力为关键，改善提高经济增长质量。

笔者以为，就本书的写作而言，未来还可以在以下两个方面做更进一步的努力：继续跟踪国内外创新型城市的实施情况，从横向和纵向相比较的观点，继续深化研究工作；跟踪国内外创新型城市的研究方法，并在以后的研究工作中，采用更客观的分析方法，得出更为科学合理的结论。

目　　录

第一章　绪论

第一节　研究背景

党的十七大将提高自主创新能力、建设创新型国家作为国家发展战略的核心，党的十八大明确表明实施创新驱动发展战略，在十八届五中全会时又把创新摆在"五大发展理念"突出位置，同时是国家发展全局的核心位置。《国家创新驱动发展战略纲要》指出，创新发展是大势所趋、国运所系、形势所迫，创新是引领发展的第一动力，科技创新能力是一个国家展现力量的核心载体；要把创新驱动发展作为国家的优先战略，从时间节点来看，到 2020 年、2050 年分别进入创新型国家行列和世界科技创新强国。国家科技创新"十三五"规划首次从创新空间的角度部署全国的创新空间布局，除了北京、上海以建设全球科创中心为目标外，要推进国家、省级高新区升级，依托国家高新区再建设一批国家自主创新示范区，加快推进创新型省份和创新型城市建设，加快建设能辐射带动周边区域的区域创新中心。城市创新体系的建设和创新能力的提升对于实现国家创新目标和城市本身的发展，都具有日益重要的作用。

经济全球化使资本、信息、技术和人才等要素在全球范围内配置和流动更加普遍，科学技术日新月异的发展，以信息、生物和新材料为代表的新技术革命极大地改变了世界竞争的特点和趋势，资金、劳动和自然资源等要素对经济增长的贡献远低于知识和技术等创新要素的贡献度，经济的增长和效益越来越依赖于知识、技术、人才等创新要素而不是厂房、土地、资源、资本等传统生产要素。因此，创新能力，尤其是自主创新能力越来越成为国际竞争力的制高点，成为城市国际竞争力的决定性因素。"多国经济发展模型表明，一个区域进入创新导向阶段和工业化从中级阶段转向高级阶段的快速发展时期的标志是人均 GDP 达到一个固定的区间范围（2000—4000 美元）。拉美国家的发展经验显示，工业化中期是重要的经济转型期，如果不注意培育自主创新能力，对于欠发达国家与地区来说，就可能犯严重的战略错误。"① 由此可见，在经济全球化和知识经济时代，正处于这一发展时期的中国城市，其城市创新能力的提升和城市创新系统的完善，对于城市竞争力的提高、城市的转型升级和可持续发展具有极为重要的作用。

创新驱动是世界大势所趋。新一轮科技革命和产业革命蓄势待发，创新驱动正在成为大多数国家谋求竞争优势的核心战略，以纵深拓展的科学探索与群体性技术革命相结合正在主导与调整国际产业分工，重塑世界竞争格局，改变国家间竞争力量的颠覆性技术正在喷涌而出。我国目前处在弯道超越的历史机遇期，同时也面临被对手甩开的艰难挑战。要想站在潮头之上，必先提高自己的硬实力，在全球竞争中赢得主动权，方能在这波大潮中立于不败之地。

当前，我国经济发展进入新常态，创新驱动产业转型升级乃至经济整体转型升级，是经济发展的重中之重；我国城市化率已经超过50%，进入城市经济为主体的新阶段，城市在国家经济格局中的地位越来越重要。城市经济领先进入创新驱动阶段，城市创新能力对于城市经济乃至整个城市的发展都具有越来越重要的地位。宁波地处我国经济最发达、城市化水平最高、城市空间体系发育最完善的长三角城市群南翼，是我国最早一批提出建设创新型城市的城市，并且也是科技部第一批国家创新型试点城市，对于建设城市创新系统、提高城市创新能力，认识早、推进快，积累了丰富的经验。在经济转型期，宁波最早体验到了经济转型升级的必要性和重要性，更是率先推进创新驱动下的发展转型。最新颁布的《宁波市国民经济和社会发展第十三个五年规划纲要》提出了"四个着力"的发展任务，着力建设创新型城市被摆在突出位置，为高水平全面建成小康社会、全面建成现代化国际港口城市打下坚实基础。

本书将笔者曾长期工作和生活的所在城市——宁波作为案例，通过理论模型工具验证、相关城市比较分析和宁波城市实证研究等多种方法，提出增强宁波城市创新能力、加快建设创新型城市的有效途径和对策建议。

---

① 厉无畏：《创新型城市建设与管理研究》，上海科学院出版社2007年版，第2页。

第二节 研究方法与研究内容

本书所采取的研究方法主要有：

文献研究与演绎归纳：通过对文献进行全面、系统的研究，构建研究框架；在文献梳理的基础上，通过演绎归纳，构建城市创新系统的理论模型。

多元统计分析：运用多元综合评价方法，构建城市创新能力评价指标体系，运用聚类分析法筛选、确定指标；运用结构方程模型探索城市创新能力各个子项之间的关系；运用数据包络法分析城市创新绩效。

比较研究方法：以全国地级城市为研究样本，比较分析城市创新能力的差异，并在此基础上为宁波的创新型城市建设和创新能力提升提供参考。

调查研究方法：通过实地调研、专家访谈等方法，以宁波为案例，剖析城市创新能力提升过程及其影响因素，验证城市创新系统模型。

本书的整体研究思路框架如图 1.1 所示。

本书主要在四个方面做了深入研究。

一是以系统论的思想和系统科学的理论，从创新型城市整体系统角度，对其核心系统——城市创新系统进行研究，提出城市创新系统结构理论模型，构建城市创新能力的评价体系。

二是运用结构方程模型（SEM）对城市创新能力评价体系进行分析研究。

三是运用数据包络法（DEA）对部分副省级城市及较大规模城市创新绩效进行分析研究。

四是根据 SEM、DEA 城市创新能力分析研究，对宁波市创新型城市建设进行横向比较和现状分析，并提出进一步推进创新型城市建设的对策建议。

第三节 主要创新点

本书在以下四个方面取得了一定的创新。

一是提出了创新型城市的系统理论模型。在系统阐述创新型城市、城

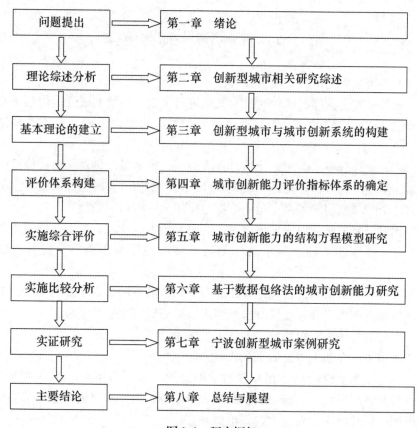

图1.1 研究框架

市创新系统、城市创新能力的内涵、特征及三者关系的基础上，提出建设创新型城市是一个复杂的系统工程。在这个过程中，城市创新系统是创新型城市的核心系统，城市创新能力是城市创新系统功能的集中体现，是衡量城市创新系统运行情况的综合指标。然后，根据创新型城市理论和城市创新系统的理论，构建了基于主体（Subject）—对象（Object）—过程（Process）的城市创新系统理论模型，从三维层面对创新型城市的建设过程做了基础建模。

二是构建了科学精简的评价指标体系。本书从要素投入水平、环境支撑水平和活动产出水平等三元要素构建指标体系，由 32 个指标构成原始指标体系。在此基础上，通过聚类分析等有效手段进行完善，形成由 24 个指标构成的更具科学性的、更精简的评价指标体系。

　　三是构建了城市创新能力的结构方程模型。本书基于结构方程模型，按照"理论分析—回归分析—路径分析—结构方程模型"的次序构建了城市创新能力的结构方程模型，重点分析了中国289个地级以上城市创新产出水平与创新要素投入水平和创新环境支撑水平的内在关系，并通过拟合优度检验对模型进行了修正。

　　四是比较了副省级及较大规模城市的创新能力。本书运用数据包络法对副省级城市及较大规模城市进行了比较分析，进一步明确城市创新能力与相关要素的关联关系。同时，评价了宁波在15个副省级城市及较大规模城市中创新投入与创新产出状况，分析了创新城市的绩效问题。根据评价研究的结果，结合宁波创新型城市建设战略的实施，提出了具有针对性的对策、举措、建议。

第二章 创新型城市相关研究综述

第一节 创新与创新型城市概念的提出

奥地利经济学家熊彼特于 1912 年提出了著名的"创新理论",这也是创新(Innovatoin)一词最早作为一个正式概念出现。而创新型城市是在创新型国家建设进程中提出的。

一 创新概念的提出及发展

熊彼特对"创新理论"的提出和完善经历了较长一段过程,首先在1912 年他的著作《经济发展理论》中开创性地使用了"创新"这一概念,后续在论文《资本主义的非稳定性》以及《商业周期》一书中分别提出创新是一个过程的概念,并对创新理论做了全面性、系统性的阐述。熊彼特首次提出创新概念时,列举了创新的五种形式(见表 2.1)。

表 2.1 　　　　　　　　　创新的五种形式

		表现
创新	1	以一种新产品的形式出现,这里的"新"指消费者不熟悉或具有新特征
	2	利用一种新的方法进行生产,这里的"新"可能仅指商业经销方法,在科学上并不一定成熟
	3	打入一个从未涉猎的新市场
	4	通过控制的方式获取新生产原料和半成品的供给源
	5	工业组织形式全面革新,如打破某种垄断

对于技术创新,熊彼特并未进行严格的狭义化定义。反之,考虑到涉及技术性变化的创新和不涉及技术性变化的组织创新,熊彼特认为创新涵盖的范围非常大。

经过很多学者进一步研究和探索，"创新理论"自 1950 年熊彼特逝世之后形成了相对独立的两条分支，这两条分支分别是技术创新经济学（以技术创新和技术扩散为主体研究内容）和制度创新经济学（以组织创新和制度创新为主体研究内容）（见图 2.1）。

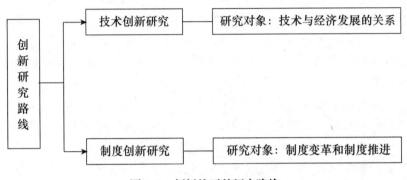

图 2.1　创新的两种研究路线

在两个分支中，都有不少学者对创新进行了定义。其中比较有代表性的有：林恩对技术创新从新的角度进行了重新定义，认为从创新时序过程角度来定义是"从对认识技术的商业潜力到最后将技术完全转化为商业化产品的整个行为过程"。厄特巴克认为创新有别于发明和技术样品，是某种技术首次实际应用。弗里曼则认为技术创新就是指新产品、新过程、新系统和新服务的首次商业性转化。傅家骥在总结国内外学者对于创新的各种定义后提出了自己的看法，他认为技术创新是一个渗透于科技、组织和商业等各种环节的综合化过程，通过推出新产品、利用新生产工艺或方法、涉猎新市场、控制新原料或半成品供应源、革新工业组织形式等创新方式重新组织生产条件和要素，使整个生产经营系统在更加高效的同时成本更低，以最终达到获取商业利益的目的。①

二　创新型城市概念的提出

随着世界全球化发展与城市出现衰退现象，西方学者开始了对创新型城市的研究。也正是由于全球化进程的加快和世界经济的普遍发展，创新被越来越多应用到生产和服务的过程中，而这些新知识的运用创造了更多的价值，创新也由此成为城市竞争的主要动力之一。由此，现代国家的城

---

①　傅家骥：《技术创新学》，清华大学出版社 1998 年版。

市形态出现转型，传统的交通、原料和区位等因素对于一座城市的发展不再具有决定性作用，从某种意义上说，创新决定了城市的发展。一批城市响应构建创新型城市的浪潮积极开展了城市创新运动，关于创新型城市的研究应运而生。

对创新型城市最早进行研究的是查尔斯·兰德瑞（Charles Landry），他在代表作《创新城市》中提出创新型城市是一个有机整体，并通过大量的案例研究证实了这一结论。英国学者比特·霍尔强调了创新特质是经济和社会变迁中的巨大潜动力。还有詹姆斯·锡米等学者对欧洲创新型城市建设也展开了实证性研究。[①] 杨冬梅等在梳理国内外学者观点的基础上提出：创新型城市主要由区域内的科技中心城市发展而成，该类城市以创新为核心发展动力，拥有完善的城市创新系统，能够将知识经济和城市经济有效融合，通过创新资源的集聚与配置不断调整城市自身功能，从而推动建立创新驱动的集约型城市的经济增长，最终实现城市可持续发展。

由于城市出现了各种问题和危机，从 20 世纪 90 年代开始许多西方学者开展了涉及领域（城市治理、城市规划、城市文化等）众多的城市战略研究，据此得出了一些具有普遍性和实践性的著名论点，如下面将要介绍的学习型城市、高科技城市、创新型城市等（见表 2.2）。

表 2.2　　　　　　　　　　　　与创新型城市相关的概念

名称	研究范围
学习型城市	倡导终身学习，形成全民学习氛围，通过学习实现创新，把创新应用和新兴技术作为城市经济发展的主要动力
高科技城市	倡导科技合作，把高科技产业作为城市的支柱产业，将高科技作为城市经济发展的主要动力
创新型城市	倡导对城市创新活力的激发，从竞争力、发展潜力、综合实力等全方位阐释城市发展新模式，将完整的城市创新系统作为城市经济发展的主要动力

资料来源：根据相关文献资料整理。

国内学者沿着前人研究的脚步并结合我国创新型城市建设的实践，从

---

① 陈曼青、张涛：《创新型城市研究的历史追溯》，《当代经济》2016 年第 6 期，第 123—125 页。

不同角度对创新型城市概念做出了阐述（见表2.3）。

表2.3 　　　　　**国内研究创新型城市的代表学者及观点**

代表学者	观点
王续琨	创新型城市有广义和狭义之分：从广义上看，一座创新型城市必须具备几个特征，即城市居民普遍具备基本的创新意识，个人、企业、政府等主体能将创新意识落实到实际生活生产中，创新的实践和成果通过传播推动新一轮的城市创新过程；从狭义上看，仅城市的科技或体制等某一个方面有创新，达到了提升城市整体经济发展的目的，这类城市就能被称为创新型城市，狭义的创新形式包括科技创新、体制创新、产业创新等
杜辉	创新型城市是一种城市形态，主要以创新文化作为城市发展的基础，以自主创新和科技进步作为发展的主导与动力，创新型城市构建的创新体系覆盖到全社会各环节，具体包括技术创新、制度创新、组织创新等
郭湖斌	创新型城市通过创新资源的聚集来激发社会上的各种创新意识，从而创造出有效的创新成果，积极发挥创新的作用，通过创新驱动城市经济社会的发展
金吾伦等	创新型城市通过转变原有生产方式和经济增长方式，实现城市在新技术开发和创新产品产业化上的突破，从根本上调整城市经济结构，以持续不断的创新推动整个城市的发展和国际竞争力的提高
杨冬梅等	新经济背景下，一般可以从发展驱动力、发展演变过程、创新系统、创新机制和目标这四大角度来理解创新型城市的内涵，概括来说，创新型城市即是一种以创新为主要驱动力的城市发展模式
白永秀等	创新型城市中创新主体的创新行为已经形成普遍化、规模化和常态化的特征，创新主体（主要包括高校、企业和科研机构等）在特定的城市空间范围内通过交互式学习、知识创造和共享等方式，逐步形成具备自组织功能的创新系统，这种城市形态称为创新型城市

资料来源：根据相关文献资料整理。

第二节　创新型城市发展类型及发展模式

一　创新型城市的发展类型

作为创新型国家的基本行政单元，当前各国政府都越来越重视创新型城市的培育，强调对城市创新能力的发展。同时，创新道路并不是统一的，各国需要根据城市自身经济基础和实力、有关部门的管理体制和治理理念进行差异化选择。如美国西雅图通过发展文化产业推动城市创新发展；英国伦敦提出涵盖 8 座中小型城市的"非核心城市群"发展模式；日本东京把高技术制造业和知识密集型服务业作为城市主导产业推动创新型城市建设。不只这些相对著名的城市，还有一些较小的国家和地区通过创新型城市建设使国内个别重要城市优先发展起来，从而带动其他区域的经济发展和社会进步，使整个国家的全球竞争力大幅度提升，如斯德哥尔摩（瑞典）、赫尔辛基（芬兰）和新加坡等。创新型城市内部众多因素相互整合和影响，形成了一个包含各种因素的复杂创新系统，创新型城市也由于各国经济基础和历史文化的差异而呈现出不同的发展类型。

（1）依据规模和地位的不同，可以把创新型城市分为三种主要的发展类型（见表 2.4）。

表 2.4　　　　　　　依据规模和地位划分的创新型城市发展类型

创新型城市	特点	主导产业	代表城市
世界级创新中心城市	（1）环境具备开放性和多样性；（2）服务行业居国际领先地位；（3）全球科技、知识和教育中心	（1）创新相关服务业，如金融、信息传输与软件设计、文化创意产业等；（2）高科技产业，如生命科学、医药产业等	伦敦、纽约、巴黎
区域创新中心城市	（1）创新相关基础设施完备；（2）区域知名度较高，具有较强的经济科技实力；（3）本国或本区域首都或核心城市	知识密集型产业	赫尔辛基、斯德哥尔摩、墨尔本
非核心创新城市群	（1）能通过联合产生创新协同；（2）同一经济区内若干中小城市共同组成	多元化	英国非核心城市群、日本关西创新城市群

资料来源：根据相关文献资料整理。

（2）依据主导产业的不同，可以把创新型城市分为高技术制造业创新中心城市和知识密集型服务业创新中心城市这两种发展类型（见表 2.5）。

表 2.5 依据主导产业划分的创新型城市发展类型

创新型城市	特点	主导产业	代表城市
高技术制造业创新中心城市	(1) 创新主要载体为科技园区或创业园；(2) 高校提供主要的人才和技术；(3) 政府对高新技术产业提供政策支持；(4) 高科技相关服务行业高度发达	高科技产业	美国硅谷—圣何塞地区、波士顿—128 号公路地区
知识密集型服务业创新中心城市	(1) 传统产业相对薄弱；(2) 文化氛围浓厚，品牌效应凸显；(3) 产业基础设施由政府与相关机构投资共建	创新型服务业、文化娱乐业、创意产业等知识密集的产业	美国西雅图和日本大阪

资料来源：根据相关文献资料整理。

白永秀、赵勇 (2006) 将创新型城市分为文化、工业、服务、科技四种创新类型。

(3) 依据文化背景不同，可以把创新型城市发展类型分为两种，详见表 2.6。

表 2.6 依据文化背景划分的创新型城市发展类型

创新型城市	特点	主导产业	代表城市
单元文化下的创新型城市	(1) 文化氛围较强；(2) 科技实力雄厚，创新活力强；(3) 外来文化环境发展受限	高技术制造业、知识密集型服务业、创意产业等	日本东京
文化交融下的创新型城市	(1) 多种文化相互交融；(2) 区域重要交通和经济节点，常作为跨国公司总部选址地；(3) 外来人口众多	高技术制造业、知识密集型服务业、创意产业等	新加坡和中国香港

资料来源：根据相关文献资料整理。

由于城市发展类型存在诸多重叠之处，因此虽能从不同角度对创新型城市的发展类型进行简单分类，但具体去界定属于哪个类型创新型城市难度很大。首先，创新型城市的发展必须建立在拥有良好的各类城市基础设施的基础之上，城市未来走向取决于该城市原有的经济基础和在区域中所处的地位。其次，政府在创新型城市建设中的作用是明显的，城市的发展往往是在政府推动下持续的，尤其对于那些金融业不发达的城市来说。美国硅谷和波士顿 128 号公路的创新建设虽然发展于高校的自发创新，但也离不开政府的订单支撑，因此创新型城市建设的另一关键力量就是政府推动。再次，创新离不开政府、企业和高校，政府提供政策支持，企业负责创新推广实践，高校为创新提供人才和知识保障。最后，城市特色创新文化的培育对于城市创新的可持续发展具有重要作用。

城市的发展最终还要落实到产业上进行衡量，创新型城市的产业基础主要包括三类，分别是高技术制造业（信息产业、生物产业等）、知识密集型服务业（基于智力和知识的服务业）和创意产业（以创造力为核心的新兴产业）。

二 创新型城市的发展模式

M. 卡斯特尔和 P. 霍尔（1998）根据政府在高科技城市形成与发展中发挥的作用与程度来划分创新型城市的发展类型，即政府强制型、政府主导型、政府引导型和自由发展型四种类型。

吴煜等（2003）对沪宁城市带区域的城市创新模式进行分类，具体可以分成沪宁自主创新模式、沪宁跨国合作创新模式、苏锡配套创新模式等五种创新型城市类型。

李英武（2006）在《国外构建创新型城市的实践与启示》一书中，通过分析国外不同类型的创新型城市，提出确定创新型城市发展模式的新方式，即根据城市资源和功能定位来确定。

杨冬梅、赵黎明等（2006）从政府和市场的组合所产生的作用和影响来分类，主要划分为政府主导型发展模式、市场主导型发展模式和混合型发展模式。

杨冬梅（2006）从空间布局的角度来划分创新型城市发展模式，具体包括单核心、双核心、多核心网状等发展模式。

蒋晓岚（2010）认为，国内的创新型城市发展模式可分为深圳模式、上海模式、大连模式和合肥模式四种，每种发展模式都有各自的特点。例如，合肥模式倡导大力扶持引进低成本、高利润、发展潜力巨大的高科技工业企业；而上海模式坚持走应用为导向的自主创新之路，大力提升城市的知识竞争能力。

段杰等（2015）认为深圳创新型城市的模式是在充分发挥政府引导、市场运作、创新文化引领的基础上，形成的以高新技术产业为基础、以用户为中心、由产学研到政用产学研的自主创新发展模式。

遵循当前工业化和知识化演进的一般规律，并结合发达国家和地区建设创新型城市的具体实践，本书归纳了工业化的创新型城市、知识化的创新型城市和可持续的高级创新型城市三种创新型城市的基本发展演变形态（见表2.7）。

表2.7　　　　　　　创新型城市发展演变的三种主要形态

项目	工业化的创新型城市	知识化的创新型城市	可持续的高级创新型城市
历史阶段	工业经济成熟和过渡期（包含后工业化前期）	知识经济起步和发展期	知识经济成熟和过渡期
城市化阶段	城市化中期（加速发展阶段）向后期过渡	城市化后期阶段	城市化后期（终极阶段）
主要动力	资本积累、技术创新、人力资本	知识创新、制度创新和人力资本	知识创新、文化创新和人力资本
发展过程	城市化、新型工业化和信息化	信息化、知识化、绿色化	知识化、和谐化、体验化
经济结构	工业经济向非工业经济（服务经济）转变	非工业经济（服务经济）中的知识比重不断提高	知识经济比重稳定在一个较高水平
核心技术	信息技术、规模化技术、标准化技术	信息技术、生物技术、绿色技术	生物技术、材料技术、生态技术、虚拟技术
主导产业	高技术制造业和服务业	创意产业和知识产业	知识密集型产业
生产和消费特点	向知识型生产和消费转变	知识生产和消费成为城市生产和消费的主导	知识生产和消费成为城市生产和消费的基本内容和主要构成部分

资料来源：根据相关文献资料整理。

三　创新型城市的构成要素

创新型城市各构成要素之间的协作与融合对于创新型城市的建设尤为重要，创新型城市的创新过程离不开城市系统要素的创新。这里的创新型城市构成要素可分为两大类，分别是硬件要素和软件要素。

首先来看硬件要素。硬件要素的数量、质量、多样性及可获得性是城市创新能力的前提，主要体现在以下方面：

（1）高校、政府及企业科研机构的人才培养与创新研发；

（2）图书馆系统、信息通道和交通设施带来的信息流、物流和知识流；

（3）城市综合教育系统（包括小学到大学的各类教育）；

（4）各类文化基础设施投入水平和营运能力。

软件要素相对抽象，具体包括城市创新文化、城市历史底蕴、市民价值理念和生活方式、对城市的归属感和危机感等。本书引用美籍学者李钟文在其著作《硅谷优势：创新与创业精神的栖息地》一书中提到的"硅谷栖息地"成功十要素[①]来归纳创新型城市的软件构成要素，具体包括：

（1）能够实现卓越的管理、法律、法规等必要条件的创业体制；

（2）使知识密集与新的创意得到交流、共享的文化；

（3）充分流动的高质量劳动力；

（4）以结果为导向的精英体制；

（5）鼓励冒险和容忍失败的良好氛围；

（6）开放的商业环境（人们乐于进行知识交流）；

（7）产、学、研互动，思想与知识可以双向或多向流动；

（8）企业、政府与非营利机构三者之间达成一致目标进行合作；

（9）建立吸引各地人才来此创业的高质量宜居环境；

（10）多样化、专业化的商业服务机构的存在。

邹德慈院士认为，创新型城市构成要素主要包括以下三个[②]：

（1）产业创新（保持和增长城市活力）；

（2）先进的基础设施（由城市的物质技术基础、防灾减灾体系和管理体系三方面组成）；

（3）政府管理的制度和管理者的能力。

以上三方面的构成要素中制度因素是最基础的，制度创新是保障产业创新和其他各种创新的前提。

还有一些机构认可创新型城市构成要素主要包括以下四个[③]：

（1）创新资源：是创新活动的基础，包括人才、信息、知识、经费等；

（2）创新机构：指创新活动的主体，包括高校、科研机构、政府、企业等；

---

①　李钟文等主编：《硅谷优势：创新与创业精神的栖息地》，人民出版社 2002 年版。

②　邹德慈：《构建创新型城市的要素分析》，《中国科技产业》2005 年第 10 期，第 13—15页。

③　中国城市经济学会：《创新型城市四要素》（http：//www.szfh.org/news/whatcxxcs.htm）

（3）创新机制：能保证创新体系有效运转，包括激励、竞争、评价机制等；

（4）创新环境：是维系和促进创新的保障，包括各种软环境和硬环境，以及参与国际竞争与合作的外部环境。

尤建新等（2011）认为，创新发展战略和创新驱动要素是创新型城市建设的两大内在驱动力，这两大方面也构成了完整的城市创新体系。其中，创新发展战略主要为创新要素指明发展方向，创新驱动要素则主要为创新发展战略提供支撑。

魏亚平等（2014）认为，创新驱动要素可划分为主体、资源、效应、环境四大类要素。其中，创新主体要素包括企业、高等学校、科研院所及其他研发机构。资源要素是指所需的资金、技术、人才等创新资源。在知识产出、产业集聚、技术依存度三者的综合作用上的是效应要素。环境要素则包括制度、政策、服务等创新环境。

综上所述，国内外学者对于创新型城市的构成要素看法各异，基本上可以归纳为观念、文化、制度、体制、产业、技术六大类。

四　创新型城市的发展经验

根据创新型城市的不同发展模式，可以归纳出具有普遍性的一些发展经验。

（一）在创新型城市建设的不同阶段，政府应采取不同的治理方式

创新型城市的建设是一种全新的城市发展过程，在此过程中，对政府提出了更高的要求，需要政府根据不同发展阶段，发挥不同的作用，采取不同的治理方式（见表2.8）。

表2.8　　　　　政府在创新型城市发展的不同阶段应采取的措施

建设阶段	政府的作用	政府应采取的措施
起步期	控制、主导	领导各部门，整合并调配各方面资源满足城市创新需求，加快以创新驱动为主的城市经济增长方式
成长和成熟期	扶持、引导	努力建立学习型、创新型政府，引导社会各部门主动参与城市治理，结合自上而下与自下而上各层次的创新力量，使城市创新发展模式更加可持续

资料来源：根据相关文献资料整理。

（二）高度重视制度创新，营造创新文化氛围和平台的形成

在创新型城市的建设过程中，可能会涉及与传统文化、传统制度的冲突，除了需要有力的舆论引导之外，更需要通过制度创新，形成全社会支持创新的文化氛围和支持创新的平台。制度创新的内涵及主要做法如表2.9所示。

表 2.9　　　　　　　　　制度创新的内涵和主要做法

	内涵	主要做法
制度创新	向社会公众宣传创新的重要意义	加强科学知识的普及，让更多的社会公众了解并参与创新活动，最终形成良好的全民创新环境
	倡导企业间发展新型的竞争与合作关系	培养企业之间的信任观念，创造浓厚的企业合作文化，推动有序竞争与合作
	培养全社会尊重知识、尊重人才的意识	组织知识讲座，举办各种研讨，培育创新、求知的文化观念，增强创新主体的创新能动性
	加大对创新设施的投入建设	为专业技术人员和普通大众提供创新活动的交流渠道和空间
	鼓励和倡导创新精神	敢于冒险、不惧失败的创新精神属于创新的软环境，倡导创新精神和新观念能够形成良好的城市创新氛围

资料来源：根据相关文献资料整理。

（三）完善创新激励，鼓励企业和个人开展创新活动

创新的整个过程包括人才引进培养、研究开发、创新成果转化等多个关联紧密的环节，不确定因素很多，属于高投入、高风险的活动。投资者通常通过对创新活动预期收益和投资风险的评估与权衡，来决定是否对创新活动进行投资。因此，需要完善创新激励机制，主要包括知识产权激励、公共采购激励、税收优惠激励、金融财政支持激励和人才激励措施（见表2.10）。

表 2.10 创新激励机制的主要做法

内容		主要做法
创新激励机制	知识产权激励	（1）加强对知识产权的保护，对假冒盗版行为进行有力打击
		（2）在专利申请、标准制定、国际合作等多方面对创新型企业提供支持，争取培养一批具有较强国际竞争力的拥有自主知识产权的品牌企业
		（3）以城市知识产权举报中心为媒介，鼓励社会各机构及个人对知识产权侵权现象进行举报，加强有关部门之间的合作，建立健全知识产权保护体系
		（4）扩大专利试点企业规模，对试点企业的专利申请费用给予资助，加快城市专利战略推进工程
	公共采购激励	（1）在满足采购需求的条件下，优先采购自主创新产品
		（2）政府及有关部门优先购买那些需要重点扶持的，符合先进技术发展方向且具有较大市场潜力的产品
		（3）实施政府技术研发项目定购制度，面向高新技术企业、高等院校和科研院所开展技术研发订购
	税收优惠激励	（1）在企业研发、员工技术培训和设备更新改造等方面给予适当的税收优惠
		（2）对于前期固定资产投入多、利润回收期长的科技创新型企业，实行固定资产加速折旧等税基优惠政策
		（3）如果公司和研究机构从事研发活动的经费同比有所增加，则给予其一定的退税优惠
		（4）实行技术转让收入减免税，对于技术开发先导物初期进入市场，实施税收减免
		（5）对于那些高污染高能耗，且继续使用落后设备和工艺进行生产的企业实行限制或惩罚性税收政策
		（6）鼓励相关机构及企业进口能源资源型、环保型、先进技术设备及其零部件产品并给予一定优惠，限制高能耗高污染及资源型产品出口
	金融财政支持激励	（1）对重点、骨干国有企业技术创新的重大和关键技术活动给予重点支持
		（2）优先扶持市场前景好、经济效益好、技术含量高、进口替代性强的高新技术成果转化和技术改造项目
		（3）通过设立创新创业基金的形式吸引民间投资对科技创新的支持
		（4）投资建立各式种类孵化器，减小小型高新技术企业的创业风险，提高其成活率
	人才激励	（1）鼓励和支持技术要素参与成果转化收益分配，改善科学技术人员工作和生活条件
		（2）实施风险分担、受益共享的激励机制
		（3）对在城市创新中做出突出贡献的人员给予物质和精神双重奖励

资料来源：根据相关文献资料整理。

第三节　创新系统理论及其发展

一　国家创新系统

国家创新系统的概念起源于近代，在 20 世纪 80 年代中后期被提出。其研究方法和理论观点综合了技术创新论和制度创新论，主要从国家层面来研究不同创新主体的相互作用和网络化特征的机制，着重对国家之间科技创新存在的差异性进行比较分析，并且从社会、政治以及经济的宏观角度来深入剖析。此外，还强调从社会文化环境的角度探究企业之间所存在的技术创新行为差异。同时，国家特定因素对技术创新行为动态演化过程所起的作用应得到特别的重视（冯之浚，2000）。

国家创新系统的概念与相关理论由学者克里斯托弗·弗里曼于 1987 年提出，他是在探究了日本的经济增长及科技追赶成功的原因的基础之上提出的。西方学者在 20 世纪 90 年代后逐渐开始从更多的角度去探究国家创新系统理论，并且在取得了较为丰硕的理论成果的同时形成了不同的国家创新系统理论研究流派，其中比较有代表性的流派有三个：其一是宏观流派［以克里斯托弗·弗里曼、纳尔逊、佩特尔（Patel）和帕维蒂（Pavitt）等为代表］，其二是微观流派（以本特阿克·伦德瓦尔为代表），其三是国际学派（以迈克尔·波特为代表）。而 OECD 后期对于国家创新系统理论的研究，不仅推动了国家创新系统的深入研究，还促进了国家创新系统概念及相关理论在更广阔的范围内传播，使得更多的国家接触到国家创新系统的理论。我国在实施科教兴国的过程中，将西方的国家创新系统理论介绍到国内，从理论和实践两个层面推进了国家创新系统的研究。

从党的十七大报告提出，要提高自主创新能力，建设创新型国家；到党的十八大报告指出，要实施创新驱动发展战略，坚持走中国特色自主创新道路；再到《国家创新驱动发展战略纲要》提出了三步走的发展目标，从国家层面重视科技创新，明确科技创新不仅占据国家发展全局的核心位置，还是支撑生产力不断提高与国力不断增强的重要发展战略。

国家创新系统研究的国内外演进过程如表 2.11 所示。

表 2.11　　　　　　　国家创新系统研究的国内外演进

	时间	组织（人物）	主要观点或工作
国外	1987	克里斯托弗·弗里曼	创新是由公共和私有部门及机构组成的网络系统，并且彼此之间有着制度安排和相互作用的关系。行为主体之间的交流与合作主要是在经济的创造、引入、改进知识和技术的扩散，目的是为某个国家的技术创新成效更显著，是将创新作为变革和发展的突出动力系统（《技术政策与经济业绩：来自日本的经验》）
	1992	本特阿克·伦德瓦尔	在生产、扩散以及使用新的与经济上有用的知识的过程之中，不同成分和关系的相互作用……两者都位于或者说植根于一国的疆界之内。发展了国家创新体系研究的用户—生产者分析方法（《创新是一个相互作用的过程》）
	1990	迈克尔·波特	主要是对经济全球化背景下的国家创新系统进行探究，并且在研究过程中将国家创新系统的宏观层面和微观层面相结合进行分析（《国家竞争优势》）
	1997	爱德克斯特和约翰逊	将组织和制度理解为规范、习惯和规则
	1997	OECD	进一步推进国家创新系统研究，以及国家创新系统概念、理论在各国的传播
国内	1995—1996	国家科委	首次将国家创新系统概念介绍到国内
	1998—2000	石定寰、胡志坚、冯之浚、柳卸林等	借鉴西方国家创新系统理论、方法，对中国国家创新系统展开研究
	1999	中国科技部、科学院、发改委、清华大学等	成立中国科技发展战略研究小组，围绕中国科技发展战略和政策进行积极探索，有力地推动了国内国家创新系统研究
	2005	《国家中长期科学和技术发展规划纲要（2006—2020）》	"推进自主创新，建设创新型国家"被提升为国家发展战略，国家创新系统研究逐渐从理论层面向实践层面迈进
	2010	《中华人民共和国国民经济和社会发展第十二个五年规划纲要》	提出了到2020年要建成创新型国家的目标，并提出加快建设国家创新体系，着力提高企业的科技创新水平，不断推进科技成果转化为实际生产力，不断推进科技创新成为经济发展的现实驱动力
	2016	《国家创新驱动发展战略纲要》	到2020年加入创新型国家队伍；到2030年跻身创新型国家前列；到2050年发展为世界型科技创新强国

资料来源：根据相关文献资料整理。

创新型国家的判断标准主要是：一国的社会经济及财富增长源动力主要是要素投入驱动还是创新驱动。创新型国家应具备以下五个方面的能力：

（1）创新资源综合投入能力较强；

（2）知识创造与扩散应用能力较强；

（3）企业创新能力较强；

（4）创新产出影响能力较强；

（5）创新条件良好。

国际上，公认的创新型国家衡量标准包含四条：

（1）创新综合指数相比于其他国家具有突出优势，科技进步贡献率在70%以上；

（2）研发投入在国内生产总值中的比例高于2%；

（3）对外技术依存度指标不高于30%；

（4）获得美国、欧洲和日本授权的专利数占世界专利总量的大多数。

目前，世界上公认的创新型国家有20个左右，包括美国、日本、瑞士、韩国、丹麦、德国等。2015年国家创新指数中综合指数排名前15位的国家主要为欧美发达经济体。称不上创新型国家的主要特征是依附发达国家的资本、市场和技术而发展的国家（如拉美的巴西、阿根廷），或依附国内丰富的自然资源而发展的国家（如中东的沙特阿拉伯、科威特）。

二　区域创新系统

创新活动的区域化特征被国内外大量的理论研究和实证分析所证实。对区域创新系统的研究，主要是在20世纪90年代后开始逐渐得到国内外学术界以及管理层的关注。英国的梅特卡夫（Metcalfe）教授认为，以国家为单位来分析创新体系太宽泛了，因此，需要以在一个国家地理和制度为边界，在有一定的特色和技术基础的区域先行示范，来作为国家或国际创新体系发展的有力支撑。根据英国库克（Cooke）教授的观点，区域创新体系的概念起源于演化经济学，它强调企业在面临经济问题的过程中，企业经理在经济问题的社会互动中不断学习和改革所做出的选择对企业发展轨迹形成的影响。这种互动并不仅仅局限于企业内部，它还涉及企业同大学、科研机构以及金融机构等之间的互动。区域内由于发展的局限性，就需要不断学习和改革，区域内的创新体系就产生于区域内不同机构部门之间的互动（Cooke，2000）。区域创新系统的代表性研究如表2.12所示。

　　"区域创新系统不仅是国家创新系统的基础与重要组成部分，还是国家创新系统的子系统"，这是国内外学者对区域创新系统研究观点较为一致的看法。区域创新系统比国家创新系统有明显的区域化特征，不仅区域创新系统富有区域特色，而且区域内部资源紧密关联。区域创新系统由主体性、资源性以及环境性等要素组成。但目前仍有一些诸如评价体系、评价方法和实施战略的政策建议等不同的看法，对区域创新系统的研究将进一步深化。

表 2.12　　　　　　　　　　　区域创新系统的代表性研究

研究者（机构）	提出时间	研究贡献
库克	1992	区域创新系统实质是一种区域性组织体系，由地理上互相分工且有关联的企业与科研机构等构成
魏格	1995	区域创新系统五要素： 生产企业群（创新产品生产供应）； 教育机构（创新人才培养）； 研究机构（创新知识与技术生产）； 政府机构（为创新活动进行金融、政策法规约束与支持）； 创新服务机构（提供金融、商业等服务）
阿希姆	2002	区域内的两类主体与它们之间的互动共同构成了区域创新系统： （1）区域内主导产业中的企业；（2）研究和高等教育机构、技术扩散代理机构、行业协会和金融机构等制度基础结构
Mary G. Schoonmaker 和 Elias G. Garayannis	2010	区域创新网络，是指利益相关多元主体在某个区域内业务上互相联系，它是由各经济主体在邻近区位上以某种方式所塑造的系列长期合作交流的集合
胡志坚、苏靖	1999	区域创新系统是一个创新型网络系统，主要由企业、大学以及科研机构构成，同时还会有政府和市场中介组织等的参与
黄鲁成	2000	区域创新系统是特定经济区域内形成的网络系统，由多种和创新相联系的主体、非主体要素以及协调各要素之间关系的制度和政策组成
刘曙光	2004	创新生产机构（在地理空间上关联）、区域政府机构（与创新紧密相关）、区域服务机构（从事区域有关活动）是区域创新系统的主要构成

续表

研究者（机构）	提出时间	研究贡献
郭淑芬、张克军	2008	区域创新系统的本质属性是不同创新主体之间承担着不同的职能，但相互间主要在以创新为主线的各种互动中不断发展和演进，并在一定的地理空间范围推动与塑造区域发展的进程与特色
王祥兵等	2012	区域创新系统是企业与科研机构之间在区域范围内合作创新、学习决策和动态博弈的系统
王吕萍等	2014	区域创新系统中的"区域"是特指一国范围内自由人的经济活动造就的、具有特定的地域构成要素的、不可分割的经济社会综合体

资料来源：根据相关文献资料整理。

区域创新系统主要由主体性、资源性以及环境性的要素构成（见图2.2）。

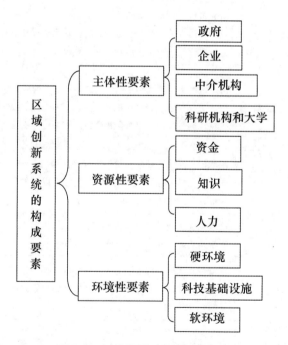

图2.2　区域创新系统的构成要素

区域创新系统的研究目前仍是处于一个新的领域，学者们对区域创新系统的研究边界、内部制度所产生的作用及相关的对策建议始终没有一致的说法。

对20世纪80年代以来国内外发展成功的区域经济进行研究，可以发现一个明显的转变，即由以往的要素、投资驱动经济转变为创新驱动的，并且是基于市场的一种区域性的创新。自然资源和低廉的劳动力成本不再是决定区域经济发展的主要因素，区域创新能力是关键性因素。区域持续发展并且区域竞争力不断提升是建设一个创新型区域的必然选择。创新型区域测度指标体系主要是对特定空间范围内的经济创新方面的问题进行深入研究，并以创新获取区域内经济的持续高速发展。创新型区域所具有的功能主要包括知识、技术以及制度三个方面的创新。创新型国家创建的总体规划以及发展战略是创新型区域建设的指导方针，与此同时区域特色创新体系是以区域经济的发展目标和区域发展现状为基础建立的。不同区域的资源禀赋及知识技术基础存在差异，因而区域创新在具体实施时所要解决的问题与发展战略都不尽相同，为了适应鲜明的区域发展特色需要，现在许多地区都在着手构建和培育本区域的创新体系。

三　城市创新系统

西方学者之所以在城市相关问题中应用创新，主要有以下两个方面的原因：一是城市发展遇到瓶颈；二是在全球化条件下，提升城市的竞争力。此后，国内外学者从各个角度对城市创新展开了多元化的研究（见表2.13、表2.14）。

表2.13　　　　国外研究创新型城市的代表学者及观点

代表学者	观点
Charles Landry	提出了关于创新型城市的一套完整的战略框架和实施机制
Peter Hall	创新型城市包含技术创新、文化智能性、技术性、技术组织性功能。未来城市的四个重要行为：财政与服务、能力与影响、创新性与文化、旅游
Tim Hall 和 Phil Hubbard	用城市营销来包装城市，选择新的城市治理方法来适应新的城市发展形态需要

资料来源：根据相关文献资料整理。

国内学者对城市创新系统进行了多角度的界定，提出了城市创新系统、城市创新体系、城市技术创新体系、城市创新生态系统、城市创新网络等概念。

表2.14　　　　　国内研究城市创新系统的代表学者及观点

代表学者	观点
赵黎明	提出了对城市经济增长过程中的创新系统理论可以从系统动力学的角度分析。城市创新系统主要是指区域内多种和创新紧密相关的主体、非主体要素，以及对主体之间关系的协调的制度和政策，及这些要素在相互作用过程中所塑造的社会经济系统
范柏乃	城市技术创新系统是一种开放的技术经济系统，主要是由城市范围内与创新全过程相关的组织、机构及现实条件构成
廖德贤、张平 *	它主要是以区域内的科技资源和创新基础设施为依托来营造完善的创新环境，培育高效的资源配置方式以及系统功能
隋映辉等	城市创新系统涵盖两大方面，其一是一个自组织创新体系；其二是创新生态系统
张省、顾新 **	参考国内外已有的研究成果，城市创新系统的内涵主要体现在以下四个方面：①是一个开放系统；②具有企业、政府、大学、科研机构、中介服务五大创新主体，其中企业是最为重要的创新主体；③创新的实质是知识的流动与新知识的形成；④创新主体与各要素之间相互作用塑造成网络化结构

资料来源：* 廖德贤、张平：《区域创新系统中的城市创新系统》，《科技情报开发与经济》2005 年第 5 期，第 181—182 页；* * 张省、顾新：《城市创新系统动力机制研究》，《科技进步与对策》2012 年第 5 期。其余根据文献资料整理。

　　本章认为，创新型城市指的是在新经济条件下，区域科技中心城市发展演变的实质是知识经济和城市经济融合下的演变，是在创新资源集聚与配置以及不断调整下的平衡与发展功能的基础之上形成的创新驱动下的集约式经济增长。

　　这一定义可以从以下四个方面进行剖析：

　　第一，从驱动力上看，城市创新是以知识、人才为核心创新驱动要素的发展模式；

　　第二，从发展演变看，城市创新一般是由科技中心城市发展演变而来，并且是知识经济与城市经济融合发展的结合物；

　　第三，从系统角度上看，城市创新是由创新型产业、企业所构成的一个比较复杂的系统，其中高技术产业、信息产业、知识密集型服务业以及创意产业是主要的基础产业；

第四，从发展机制和发展目标看，城市创新不仅是在区域竞争体系中，更是在国家甚至是全球的竞争体系中，进行创新资源的优化集聚与优化配置，带来有关利益主体之间的关系不断变化，最终是为了实现各个利益主体的目标和城市的发展目标相一致，并且在此基础之上建立一种创新驱动下的集约型经济增长模式，以创造城市双赢的经济发展。

第四节　创新系统与能力评价

一　区域创新系统的评价

职能机构、组织与政策及三者之间的相互联系共同组成了区域创新系统，并且系统内各要素之间的互动作用是促进区域内技术或知识发展的有效推动力，因而区域创新体系与创新型区域测度指标体系的研究之间存在较大的关联。企业、研究和教育机构以及政府等行为主体是区域内的创新要素。此外，区域创新体系同国家创新体系相比，凸显出更多的特有因素，是国家创新体系中的一个子系统。价值观念、制度框架、消费习惯以及自然资源禀赋等是区域创新体系创建的关键制约因子。

同国家创新系统相比，区域创新系统由于自身固有的特征受到特定因素的影响，因而国家创新系统的评价方法并不能直接应用。另外，从评价的观点的角度来看，大量隐性知识和情境特质是区域创新系统最相关的方面（Autio，1998）。国外关于区域创新系统评价研究的主要观点如下。

Fritsch（2001）在应用知识生产函数方法测量与对比欧洲创新体系质量的基础之上，得出的结论显示，区域创新体系对 R&D 活动的聚集经济发展确实有显著的正向效应。

Riba Vilanova 和 Leydesdorff（2001）构建区域创新体系系统的评价模型，并且以西班牙加泰罗尼亚地区为研究对象，评价当地的区域创新体系发展水平，并在此基础上得出了区域创新体系并不是单单以知识为基础的创新体系。

Evangelista 等（2002）在对创新调查所获取的数据进行深入分析的基础上，得出标准化的区域创新体系仅仅出现在一些界限比较明确的区域。

Kyrgiafini 和 Sefertzi（2003）在对成功实施区域创新计划的一些创新体系的实际发展历程以及过程中的多种变化进行调查的基础上，发现区域政策中有关创新计划的实施对一个区域的创新体系发展已经产生了深远的影响。

Cooke 等（2003）应用区域创新系统方法对区域创新绩效和创新战略进行了研究，研究结果显示，尽管创新投入的经费支出不断增长，但是创新后进者仍大量存在。

Dong-Ho Shin（2002）以日本筑波的区域创新体系发展为研究对象。Niosi 和 Bas（2003）对蒙特利尔和多伦多这两个加拿大最大的城市的生物技术区域创新体系进行深入分析。Sang-Chul Park 等（2003）对比分析了瑞典与韩国的区域创新体系。Holbrook 和 Salazar（2003）对加拿大的区域创新体系问题进行研究。

国内对于区域创新系统的评价也有丰富的研究成果，主要的观点如下。

胡志坚和苏靖（1999）指出并非仅仅企业、大学及科研机构是区域创新体系的主要构成，政府和市场中介服务组织也是其中的参与者，并且各主体之间相互作用形成创新网络系统。科技资源、新型企业以及政府的经济政策与管理办法是共同构成区域创新体系的三大实体要素。

黄鲁成（2000）指出，从"创新是对知识的生产、传播及应用"、创新的动态过程、创新对象等角度对区域创新体系的研究内容进行总体概括，其中对创新要素能力的分解是对区域创新能力评价的关键，在进一步赋予权重后便可以计算评价指标。

刘顺忠和官建成（2002）借助 DEA 方法对我国各地区域创新体系的特征进行实证研究，还在此基础之上完成了对各体系的创新绩效的有效评估。得出的结果显示区域创新能力与创新绩效之间不存在相关性，而且我国当前规模效应递增的区域相对较少。

孙丽杰等（2005）按照区域创新体系的系统结构特征从三个方面建立区域技术创新指标体系。

当前国内外关于区域创新体系效能测度的研究侧重于单一方面功能的评价，其研究主要集中在以下两个方面：其一是侧重于 R&D 的经费投入对经济增长的推动作用以及对知识经济的测度；其二是对科技创新资源的配置是否合理及合理程度如何进行评估，并且借助计量模型获取有效利用社会科技资源、实现高效产出的有效投入产出比率。

目前，已有的评价指标体系主要侧重于对系统投入、产出与经济效果方面的评价，实际测度方法主要是综合评价。然而现有的研究成果并不能很好地反映系统内部的创新流动指标，也不能反映系统本身演化过程中实质性的评价指标，此外从系统复杂性的角度对测度指标进行研究的更少。

现在的评估方法也主要集中在系统运行机制和系统创新竞争力水平计算这两大方面,对系统自身演变过程的测度以及对创新区域评价指标较为认可的专门化测度方面的研究成果非常少。

二　区域创新能力的评价

关于创新能力的研究,大体上形成了企业、区域以及国家三个层面的定义。多数文献较为一致地把它定义为一个区域创造创新产出的能力。区域创新能力是区域创新体系的核心部分,因而对区域创新能力评价能很好地反映一个区域创新体系的发展水平。区域创新能力不是科技实力,也不是科技竞争力。

刘凤朝等在创新能力方面构建了区域自主创新能力评估指标体系,并应用集对分析法,选取我国八大经济区作为基本研究对象,对各经济区自主创新能力进行研究。[①]

刘杰通过对 2005 年 7 月的各省市技术中心所在企业技术创新情况报表中有代表性的九项指标(科技人员、科技经费、科研支出、新产品、科技项目、专利申请、发明专利、合办机构以及海外机构)进行"分层聚类",把全国各省市按技术创新能力水平划分为三种类型,在此基础之上对比分析不同类型区域的技术创新能力。[②]

林茜的观点是一个地区将知识转变为新产品、新工艺、新服务的能力水平决定了一个区域的创新能力水平,并以 2002 年中国区域创新能力的发展为研究对象,采用主成分分析和聚类分析两种实证研究模型进行分析。结果显示,我国区域创新能力最强的区域集中在东部,而创新能力较低的区域集中在西部。[③]

《中国区域创新能力报告》明确指出,所谓区域创新能力高低是相对的,仅仅是同其他区域发展相比较的一个排名,不能直接衡量该地区创新能力。报告在指标选取、评价方法等多个方面借鉴了包括《世界竞争力年鉴》《国家创新指数》等诸多国内外知名报告,并根据我国区域创新体系的实际发展现状采取了相应的改变对策。报告评价中国区域创新能力框架遵循四个原则:第一,框架必须考虑区域创新体系的建设发展现状;第

---

① 刘凤朝、潘雄锋、施定国:《基于集对分析法的区域自主创新能力评价研究》,《中国软科学》2005 年第 11 期。

② 刘杰:《区域技术创新能力比较研究》,《科技与经济》2006 年第 2 期,第 5—8 页。

③ 林茜:《对区域创新能力的实证分析》,《统计应用/统计教育》2006 年第 1 期,第 57—59 页。

二，框架必须考虑区域创新中的链条建设现状；第三，框架强调创新环境建设的重要性；第四，框架必须兼顾一个地区发展的存量、相对水平和增长率三个因素。基于这四个原则基础上构建的区域创新能力指标体系不同的年份略有不同，2014 年的评价指标体系包括 5 个一级指标、20 个二级指标、40 个三级指标和 137 个四级指标。一级指标划分为知识创造、知识获取、企业创新、创新环境以及创新绩效这五大方面。2015 年报告显示，我国区域创新能力稳定格局基本形成：我国基本上形成了比较稳定的区域创新能力发展格局。具体表现为：东部地区形成了比较稳定的区域创新能力，此外其相应的较为领先的地区优势也在逐渐扩大；中西部地区的区域创新能力相对来说较弱，还表现出周期性的波动；东北老工业基地缺乏创新活力，创新急需提高；江苏、广东、北京、上海、浙江、山东、天津、重庆和安徽是我国区域创新综合能力排名前 9 位的省（直辖市）区，整体区域创新能力呈现出"长尾"的分布现象，即以东部地区为代表的发展较为靠前的省份，背后拖着广大中西部地区这个长长的尾巴。

中国科学技术发展战略研究院自 2006 年起开始国家创新指数课题研究并编制报告，主要是为监测和评价创新型国家建设进程，同时也是国家层面的创新能力评价报告。《国家创新指数报告》自 2011 年以来已经发布了 6 期，最新一期的《国家创新指数报告 2015》中参考了国内外有关国家竞争力与创新评价方面的理论及方法研究，由 5 个一级指标和 30 个二级指标组成。其中 20 个定量指标反映创新的规模、质量、效率以及国际竞争能力，指标的选取方面考虑了大国与小国之间的差异问题；还有 10 个来反映区域创新环境水平的定性指标，通过调查获取。

三　创新型城市的评价

不同城市的创新型城市路径存在明显的差异，主要原因在于以下两大方面：其一是创新型城市的标准不一致；其二是不同城市创新的现实基础存在差异。国外在这方面有着一些比较成功的先例。很多国家从 20 世纪 90 年代后都逐渐开始增加有关创新型城市规划方面的研究，并提出与实践"创新城市"的发展战略。具体如 2001 年芬兰的首都赫尔辛基市政府和赫尔辛基技术大学就"创新型城市计划"进行合作并进行实践。另外，英国的伯明翰、布里斯托尔、利兹、利物浦、曼彻斯特、纽卡斯尔、诺丁汉和谢菲尔德 8 个城市共同合作拟订了一项有关核心城市群发展的非正式计划。与此同时，美国的波士顿、澳大利亚的悉尼以及德国的鲁尔等地也纷纷践行创新城市战略。美国的旧金山所采取的具体实施措施是以创新型城市的建设规划来推动城市整体的创意事业不断发展。日本东京则是不断制定相关支持政策鼓励创新事业发展。韩国则是以建设大德科学城为基础。

Landry（2000）认为，人员品质、意志与领导素质、劳动人才的多样性以及为不同类型人才所能提供的发展平台、组织核心文化、地方认同感、都市的空间格局、基础设施的网络动力关系七方面是创新城市的基石。这些要素的存在会让创新环境最适宜。

James Simmie（2001）从经济地理和集聚经济的角度对五个典型的欧洲城市进行实证分析，得出企业集聚程度、产业集聚程度、科学家集中度、专业知识和技术以及对外交流程度五个方面是创新城市创新的源动力。

Florida（2003）所提出的"3T"理论是创新型城市创建的核心要素，该理论模型的结论是一个创新型城市若想吸引创新型的人才、创意的产生以及刺激经济不断发展，该城市自身必须具备这三方面的核心要素。

Hospers（2003）认为集中性、多样性和非稳定状态三个要素能使创意形成的潜力大幅度提升。

国外学者从多个角度构建创新型城市评价指标体系，如美国华盛顿创新和科技指标体系，包括创新、竞争力、成长、融资能力、人力资源潜力和生活质量六大方面。

庄越等在对城市技术创新体系特征和创新内容研究的基础上，从综合经济指标、科技创新投入指标以及科技创新产出指标三个方面构建了城市技术创新体系评价指标体系。[①]

范柏乃等以城市技术创新系统运行的结构模式为指导，构建了城市技术创新能力的理论评价模型，并在此基础之上从技术创新投入能力、技术创新配置能力、技术创新支撑能力、技术创新管理能力以及技术创新产出能力五个角度来设计城市技术创新能力的评价指标体系。[②]

尹继佐（2003）提出评价创新城市的硬件指标和软件指标。科研机构和企业的研发水平、信息与通信的获得便利性、城市的综合教育体系、文化设施等为市创新型城市的主要硬件指标；而城市的发展历史、城市的危机感、城市的自身创新能力与组织水平等是主要的软件指标。同时，运

---

① 庄越、曾娟：《城市技术创新原理研究》，《科学管理研究》2002年第2期，第4—7页。
② 范柏乃、单世涛、陆长生：《城市技术创新能力评价指标筛选方法研究》，《科学学研究》2002年第6期，第663—668页。

用案例分析法，对世界若干类型创新城市进行分析研究。

段利忠等（2003）从知识创新能力、技术创新能力、制度创新能力、服务创新能力以及宏观经济发展水平这五大方面构建评价体系，并应用灰色聚类分析模型，选取我国东部地区城市创新能力发展比较典型的城市进行研究。

黄少波侧重于创新主体的选取[1]，薛风平在科学性、可操作性等原则的指导下，建立了有关城市技术创新能力的一套评价体系。[2]

李继勇等侧重于城市可持续发展，采用层次分析和模糊数学两种方法，从投入能力、配置能力、支撑能力、管理能力、产出能力这五个层次设计评价体系，对城市技术创新能力进行综合性测评。[3]

宋德勇（2006）从知识创新、技术创新、制度创新、产业创新、服务创新与创新环境六大层次构建评价指标体系，运用因子分析法和聚类分析法对城市进行创新能力比较研究。

杨冬梅（2006）指出，城市的知识创新能力、创新环境支撑能力与经济社会发展对创新的支持水平是创新型城市评估不可缺少的三大方面，并运用因子分析法对城市进行实证评价和聚类分析。

顾瑜婷等（2006）根据城市创新系统组织结构模型，将城市创新能力作为一级指标，选取 4 个二级指标、27 个三级指标，用模糊综合评审模型对城市创新能力绩效进行综合评判。

李英武从政府、企业与居民共同参与的角度设计城市创新能力评价指标体系，将静态与动态比较优势集成基础上的开放式创新能力等六方面作为一级指标构建评价指标体系。[4]

张立柱等（2007）从知识创新、技术创新、政府行为以及服务创新能力四个角度建立城市创新能力评价指标体系，并选取山东 17 个地级市为研究对象，应用分层聚类模型进行研究。

杨华峰等（2007）则是在知识创新、技术创新、管理与制度创新、服务创新、文化创新与创新综合绩效六个层次选取指标建立评价体系。

---

① 黄少波：《创新城市的理念及其建设》，《桂林电子工业学院学报》2005 年第 3 期，第 97—100 页。

② 薛风平：《城市技术创新能力测评及实证分析》，《中共青岛市委党校、青岛行政学院学报》2005 年第 2 期，第 16—19 页。

③ 李继勇、张艳红、任向阳、刘历波：《城市技术创新能力的评价分析》，《数学的实践与认识》2005 年第 6 期，第 98—102 页。

④ 李英武：《国外构建创新型城市的实践与启示》，《前线》2006 年第 2 期，第 49—51 页。

余杨等（2007）将熵值理论引入权值的计算中，与模糊综合评价法结合，对宁波市城市创新能力进行评价。

谢攀（2008）则是在创新资源、创新载体、创新环境、核心能力以及优势品牌五个层次构建指标体系。运用集对分析、时间序列以及比较分析等多种方法模型对创新型城市的发展进行了综合评价分析。

朱凌等（2008）提出创新型城市发展状况由三个维度的指标进行衡量：创新活动产出效率指标、创新资源投入水平指标以及创新体系运行状况指标，并设立 23 项子指标。

国家科技部从现实运用的角度，对创新型城市评价构建了一套量化指标，以考核国家创新型试点城市的发展状况。在此基础之上，我国许多城市和组织机构纷纷提出了各自的比较有代表性的指标评价体系。北京市统计局于 2005 年对外发布了具有代表性的中关村指数。宁波市在 2006 年明确了创新型城市建设评价指标体系，并从 2007 年开始每年发布依据此指标体系评价的创新型城市建设白皮书。2006 年深圳市还提出了典型的《自主创新型城市评价指标体系》，具体涵盖 12 大类，一共由 60 个具有代表性的小指标组成。上海张江高科技园区在 2006 年 4 月推出了"张江园区创新指数"。2010 年 5 月，太原市成功入选我国第二批国家创新型城市的试点，并在试点后创建了自身发展的评价体系。2010 年 12 月，天津滨海高新区和天津市科学研究所共同合作研究，提出了"滨海高新指数"。

此外，我国城市发展研究会自 2006 年起便进行"中国城市创新能力科学评价"课题的持续探究。2015 年的报告是以全国 659 个城市创新能力为研究对象，侧重于从城市的创新基础条件和支撑能力、技术产业化能力以及品牌的创新能力三大方面，筛选比较有代表性的 15 个指标建立评价指标体系。在对指标数据的收集、标准化处理等计算的基础上，得出的结论是：我国城市创新能力具有优势的区域仍然是东部地区，此外，东部地区的创新能力发展与西部地区之间的差距越来越大，表现出强者越来越强的发展趋势。[1]

四　创新评价方法

在上述的创新系统和创新能力评价中运用了多种方法，多指标综合评价方法是应用最多的测度方法。

多指标综合评价方法在实际运用中比较常见，主要包括主观赋权法与

---

[1]　周天勇、旷建伟：《中国城市创新报告（2015）》，社会科学文献出版社 2015 年版。

客观赋权法两种。其中主观赋权法主要是需要有关领域专业人员的综合评分，在此基础之上进行计算处理，常见的有层次分析法。客观赋权法主要是以指标间的关联程度或者是指标数值的变异程度作为指导，以计量模型处理获取权重，比如主成分分析模型。主观赋权法的缺点是主观因素较大，而客观赋权法很好地避免了人为因素的干扰。表2.15给出了国内在城市创新评测方面所采用的主要方法及范例。

表2.15 　　　　　　　　国内城市创新评测的主要方法

方法类别	评价方法	实例	原理	使用情况
综合评价方法	层次分析法（AHP）	张洁、刘科伟等对北京、上海、西安等11个城市的创新能力进行比较分析	首先确立层次模型，同时用定性和定量方法分析研究对象，确定各指标权重，求出各类指标分值	（1）多目标和多方案决策；（2）对多个样本同时进行横向与纵向的比较分析
多元统计分析方法	因子分析	隋映辉、毛佳等对山东省17个城市的创新能力进行分析	根据相关性大小对变量进行分组，使同组的变量相关性高而不同组的变量相关性低	（1）处理错综复杂的样本决策方案；（2）多个样本进行横向和纵向比较分析
	主成分分析	张文雷、姜照华等对上海1994—2004年的创新能力进行分析	运用高维空间向低维空间的投影，找出影响系统的主要因素	
	灰色聚类分析	段利忠、刘思峰等对北京、福州、广州等12个城市的创新能力进行分析	对样本的相似程度进行分类，并进行归类	
定性分析法	专家直接判断法	西安交通大学徐可为教授运用专家直接判断法为各指标赋权重，经数值处理后得到量化评价结果	以专家的经验和认识为依据直接为各指标赋权重，求出得分值	（1）量化困难且较复杂的系统评价；（2）具有重大意义的评价问题

资料来源：根据相关文献资料整理。

第五节　小结

本章系统地回顾了创新、创新型城市概念的提出及发展过程，总结了国内外创新型城市发展类型、发展模式及构成要素的相关研究，提炼了创新型城市的发展经验。在创新系统的理论发展方面，分国家、区域和城市三个层面对创新系统的研究做了分类归纳。

目前，虽然国内外学者已经对创新型城市进行了深入的研究并形成了丰富的理论成果，但随着创新型城市进一步发展，当前的研究难以满足实践发展的需要。以下对当前研究的不足之处做一个简单梳理。

（1）当前在城市创新内容的研究中主要是科技创新、制度创新和文化创新这三个方面，关于服务创新和产业创新的研究相对较少。另外，各种创新的研究基本上是独立进行的，因此各种创新之间的内在联系和影响机制无法系统揭示。

（2）关于城市创新能力评价指标体系有很多，但却没有形成公认的、权威性的指标体系。评价方法上也以多指标综合评价方法为主，有待创新。

（3）创新型城市的研究路径偏向于理论，而可操作性较为缺乏。事实上，创新型城市的路径与城市的具体情况相结合，创新型城市的建设是个漫长的过程，不能简单地认为是建几个开发区或者是引进几个高新技术企业就可以匹配。

（4）从国内看，目前关于创新型城市的研究主要是围绕一些经济发达地区展开的，提出的建议也大多是增加科技创新的投入，发展高新技术产业。但这些建议对于经济基础相对薄弱的城市来说显然并不完全适用，对那些欠发达城市如何进行创新型城市建设的研究还相对较少。

第三章　创新型城市与城市创新系统的构建

第一节　创新型城市的内涵与基本特征

一　创新型城市的内涵

创新型城市作为一种全新的城市发展理念，综合已有的文献资料来看，国内外学者对其内涵的理解既有一致性，也存在差异性。

（1）一致性。以下五个方面的特征体现了国内外学者对创新型城市内涵理解的一致性（见表3.1）。

表3.1　　　　国内外学者对创新型城市内涵理解的一致性

	主要观点
战略一致性	创新型城市主要通过转变城市发展模式和治理方式来突破资源及环境的束缚，其本质是一种城市治理的新方法
过程一致性	创新型城市由于涉及层面众多、形成过程复杂，需要全社会各界共同参与建设
条件一致性	创新型城市建设需要软环境与硬环境的有机统一
政府作用一致性	政府在创新型城市建设过程中应发挥强力推动作用，具体落实在创新规划实施、制度构建以及创新环境营造等方面
协同一致性	各创新主体间需要通过有效的互动形成有效的城市创新体系

（2）差异性。除了一致性外，国内外学者对创新型城市内涵的理解也存在明显的差异性（见表3.2）。

表3.2　　　　　　　　国内外学者对创新型城市内涵理解的差异化

	国内	国外
解决问题方面	较为关注经济发展以及经济与社会的统筹发展问题	较为关注城市社区、生活与城市发展中的社会问题
环境建设方面	软硬环境相比较之下，更关注科技基础设施等硬环境的建设，而对软环境建设的重视度不够	同时关注软硬环境的建设，在文化和生活等软环境方面，注重营造城市文化氛围，突出人性化理念，容纳多种多样的文化与生活方式
协同融合方面	协同政府、企业与研究机构等创新主体，对创新资源的集聚与高效产出尤为关注，推动发展产学研合作新模式	不仅强调科技、人才及包容的有机统一，也强调科技、制度与文化之间的相互协同
评判标准方面	通过评价指标体系来对创新型城市进行评判，指标体系很多但不统一	过于重视城市创新方面的多样性，而忽视了评价指标体系的重要性
主导对象方面	过于突出政府作用	政府作用相对弱化，市场机制的作用要大于政府，重视社会公众与私人机构对城市创新建设的参与

通过对国内外学者关于创新型城市内涵理解的分层次比较可以发现：国内外创新型城市建设的共同之处说明创新型城市与城市创新建设有其内在固有的规律性；而差异性形成的根本原因在于各城市不同的经济社会发展阶段和制度环境，主要体现在市场经济发育程度、经济发展水平差异、文化背景差异、制度体系等方面。

本书对创新型城市的内涵理解如下：在特定区域范围内，通过科技、制度与文化的融合实现各创新主体之间的良性互动，倡导自主创新作为城市创新建设的主战略，高效集聚创新资源与创新人才以获得高效的创新产出，营造良好的社会创新氛围，推动完善城市创新体系，使创新行为更具常态化与规模化的城市发展形态。

这一内涵理解包含了五方面的内容。

（1）创新动力。创新型城市所指的创新是综合性的，不仅是科技创新，也包括制度和文化等方面的创新，是一种以自主创新为基本战略，以知识、人力资本为核心驱动要素的城市发展模式。

（2）发展基础。创新型城市是一种城市发展的高级形态，其发展需要建立在城市拥有良好创新基础的条件之上，一般由区域性的科技型或文化型城市不断演化发展所形成，在此过程中，科技创新能力是城市竞争力的主体。

（3）创新系统。创新型城市一般都具备较为完善的城市创新系统，尤其是创新主体企业具有较强的创新能力，其构成的产业形态表现为具有较强竞争力的技术密集型产业或创新集群。创新成为市场主体企业及相关方面的自觉行为。

（4）创新绩效。创新型城市的特征在于创新要素集聚、创新资源丰富、创新机制高效、创新体制完善、创新环境良好，具有较好的创新投入产出效益，使创新各主体之间有效配合，创新各要素之间合理配置，体现较高的创新绩效。

（5）发展目标。创新型城市与传统城市相比发展目标更具创新性，主要体现在以下三个方面：首先是传统向科学发展的转变，其次是经济增长方式由要素投入向创新驱动的转变，最后是发展由非均衡向全面协调可持续的转变。

二　创新型城市的基本特征

相对于传统的城市发展形态，创新型城市是一种全新的城市发展形态，相应地具有一些新特征。本书认为，创新型城市应具有五个基本特征，即自主创新、动态演进、体系完备、环境优越、标志明显（见表3.3）。

表3.3　　　　　　　　　创新型城市的基本特征

特征	基本含义	内容
自主创新	自主创新是特色创新	城市的自主创新建立在发挥比较优势的基础之上，尤其要在局部创新方面构建特色，始终贯彻"有所为，有所不为"的方针
	自主创新方式取决于城市功能	城市的自主创新形式需要根据城市功能及发展基础来确定
	自主创新并不排斥引进技术	城市自主创新能力增强的重要途径是引进技术消化吸收与再创新
动态演进	模式转变	创新型城市主要是依靠创新驱动，不再单纯依靠投资拉动，其建设过程同时也是经济增长方式转变的过程
	产业集聚	各创新主体（企业、高校、研究机构、中介机构及其他机构）间高度聚合，城市成为高端知识型产业、战略性新兴产业的集聚中心
	社会转型	主要包括市场结构、政府管理以及城市文化等的转型

续表

特征	基本含义	内容
体系完备	定位准确	城市创新体系的各个主体定位准确，各司其职，高效运行
	有效互动	城市创新主体间有机联系、有效互动、相互磨合，凸显协同创新优势
	高度开放	城市创新体系通过技术与产品的辐射、企业组织的扩张开放实现对外延伸，以及实现科技、人才、知识等要素在更广范围内的高效配置
环境优越	设施完善	主要体现在科技平台布局合理、功能完善，能够上下衔接以实现高效共享与高度开发
	文化多元	逐渐形成求异思维、崇尚创新、敢为人先以及宽容挫败等文化风尚精神
	人才集聚	拔尖型的领军人才、高素质的技能型与应用型研发人才、通晓国际惯例的管理人才及中介服务等各类人才高度集聚
	制度有效	主要体现在拥有较为完善的法律体系来推动自主创新，这要求政府提供各种投融资机制、资源分配机制与财政投入机制等保障
标志明显	创新综合指数高	量化指标的得分远高于传统型城市

第二节　城市创新系统的内涵、结构与特征

一　城市创新系统的内涵

本书认为，城市创新系统的实质是一种系统架构，城市内的政府、企业、学校及科研机构等创新主体，依托城市的自然资源、基础设施和科技资源等要素进行相互协调合作，实现城市创新环境的不断完善，资源实现高效配置，最终实现对城市原有的发展模式进行改革。此外，城市创新系统的主要目标就是以科技和制度创新来实现城市传统经济、社会、生态等发展模式的改革。

二　城市创新系统的结构

（一）城市创新的主体

创新活动同时存在于企业经济活动层面和人类所从事的各项活动之中。因而城市创新的主体即为具备创新能力并且参与城市创新活动的行为主体。当前参与相关研究的国内外学者基本上都持以下观点：创新主体主要是企业、高校和科研机构等，政府并非创新行为主体。然而事实证明，政府在制度方面的创新同企业等创新主体在技术方面的创新是相辅相成的关系，因而政府同样是创新主体。

1. 企业

企业是以营利为目的的从事经营活动的经济组织，是城市创新的主体中最为重要的，更是科技与经济的连接纽带，企业创新水平可以反映城市市场竞争力与经济质量。但并非所有企业都能作为创新行为主体，只有拥有创新能力，即具备研发创新产品能力的企业才是城市创新的主体（刘曙光，2004）。一个企业创新能力的高低受包括企业规模、组织结构和科研人员素质等在内的多种因素的影响。

2. 高等院校和独立科研机构

高等院校指综合性大学、应用型院校、高等职业专科院校等教育机构，主要作用是进行学术研究和传授高等知识。高校的创新功能体现在以下两个方面：其一是向社会提供创新型人才；其二是提供科研成果。虽然同样作为从事实验开发和科学研究的机构，但独立科研机构同高等院校相比，其创新功能则主要是提供多种形式的科研成果，其形式主要有学术论文、著作、课题任务、专利等。高等院校和科研机构在创新主体中所起的作用主要在于为城市发展甚至区域发展提供科技创新人才力量。

3. 政府机构

政府机构指在辖区范围内进行各项事务管理的组织。政府在城市创新活动中担负的重要作用主要体现在以下两方面：其一，政府主要通过制定政策法规对城市创新活动进行管理和规范；其二，政府直接参与了城市的创新活动，如政府规划设计文件中包含的相关项目与措施就是一大体现。由于政府身份的特殊性，在创新过程中，政府可以直接有效地调控机制的具体运行。然而在市场经济环境中，政府的职能定位需要在创新过程中有所转变，即由管制向服务转变。

4. 中介服务机构

中介服务机构指为企业、高校及科研机构、政府等创新主体的创新活动提供中介服务的机构，主要有培训中心、咨询公司、技术评估机构、创业服务中心、技术开发交流中心等组织机构，起到连接科技与经济、衔接各创新组织之间和组织内部各系统的重要桥梁和纽带作用。中介服务机构的创新能力主要体现在为创新活动提供相应的服务，如为创新活动提供信息、知识等方面的全方位支持等。

各类创新主体之间的联系主要通过包括人才、资金、科技和管理等要素在内的创新资源要素的流动来实现。创新主体与要素资源流动之间的相互关系如图 3.1 所示。

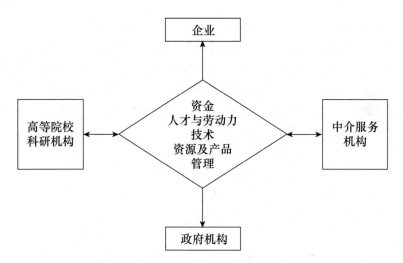

图 3.1　创新主体及要素资源流动之间的关系

（二）城市创新的主要内容

城市创新的主要内容很多。根据城市的创新对象对城市创新主要内容进行分类，可以大致分为知识创新、技术创新、制度创新、产业创新和服务创新几个方面。

1. 知识创新

对知识创新的内涵理解有狭义和广义两种。从狭义上看，知识创新包括新知识从产生、扩散到转移的整个过程，它起源于基础研究，并通过科学研究获得新的科学知识。从广义上看，知识创新是指通过认识活动增进所需知识的一种过程，这里的知识包括技术创新和制度创新需要用到的知识。这里的知识创新的重要主体之一是高校与科研机构。

2. 技术创新

技术创新是进行创新研究与创新理论研究最早的内容。国内外学者关于技术创新的内涵有很多不同的看法。其中缪尔塞（Mueser）的观点是，技术创新是一种新思想与不连续的技术活动在经过一定时间之后所发展到实际成功应用的程度。部分国内学者认为技术创新是企业自身或者企业与其他创新主体之间通过创新知识的实际运用，不断改进并提高产品和服务品质，从而实现新的生产方式与管理模式的一种过程。作为城市创新的重要部分和基础，技术创新对城市的技术层次有直接的影响。

3. 制度创新

制度创新的内涵是，在城市创新过程中，不断改善现有的制度或者制定某种全新的制度，来实现高效地协调各不同经济利益主体之间的关系，并且可以有效地对经济主体产生刺激与规范作用，从而使知识创新得以有效的改造、改进与扩散，推动城市经济的可持续发展。政府是制度创新的主体，制度创新主要构成要素为政府创新管理机构及创新相关法律法规等。制度创新可以为城市综合竞争力的提高提供政策支持，也可以改变一个城市发展的制度软环境。更重要的是，制度创新可以为城市的知识、技术以及产业等方面的创新提供充足的外部条件。

4. 产业创新

产业创新指在国际竞争的大背景下，在产业成长的过程中，大型企业之间主动谋求合作进行产业研发，或者某一技术领先的企业率先通过研发实现创新并在行业内扩散从而实现产业内部的共同创新。产业创新是指企业通过技术、管理、市场等方面的创新来突破原有产业结构的束缚，从而创造高效的全新的产业的过程。需要注意的是，产业创新几乎涵盖了企业技术创新与行业技术扩散，它不是局部而是一个行业整体的创新，其动力源泉包括市场需求、技术创新和内部激励等因素。作为城市创新的核心，产业创新具体表现为城市主导产业的演进，目标是提高产业的整体竞争力。

5. 服务创新

服务创新建立在前四种创新的基础之上，且在城市创新中扮演内部支撑与服务中介的作用，并不是所谓的商业意义上的服务创新。服务创新通过为城市创新提供物质载体和为创新主体提供联络平台等方式来实现知识和技术的有效传播。服务创新的主体主要由教育培训机构和中介服务机构两部分组成。其中教育培训机构的功能主要是传授知识以及培养各类人才，尤其是高层次创新型人才。而中介服务机构的功能主要是为创新活动、知识与技术的传播与应用提供中介服务，中介机构与基础设施是其核心服务基础，包括推动科技成果转化的高新技术开发区等机构和协助成果转化的技术开发中心等组织。有效的服务创新对城市系统内的各种创新行为起到重要的协调作用。

综上分析，在城市创新系统的各项内容中，知识创新与技术创新是基础，产业创新是核心，制度创新是保障，服务创新是桥梁与纽带。

（三）城市创新环境

根据创新的影响因素差异，可以将城市创新环境分为自然、社会文化、制度和经济环境四个部分。

1. 自然环境

城市创新的自然环境是由相互作用的自然因素在特定的城市地域范围内形成的自然环境综合体。这些自然因素包括气候、地理地貌、生物资源等内容，对创新系统能产生一定影响。其中城市区域内的自然资源为城市创新提供了资源禀赋优势。

2. 社会文化环境

城市创新的社会文化环境是由相互作用的多种文化因素在特定地域范围内构成的社会文化综合体。这些社会文化因素主要包括风俗习惯、价值观、宗教信仰以及劳动力素质水平等。社会文化环境反映的是当地生活层次，社会文化环境直接影响人们追求创新的热情。

3. 制度环境

城市创新的制度环境是指由相互作用的区域内外制度因素在特定地域内构成的制度环境综合体，主要由区域内外的政策法规、行为准则及道德规范等内容组成。良好的制度环境可以降低创新中的不确定性与交易费用，对创新具有重要的促进作用。

4. 社会经济环境

城市创新的社会经济环境是由相互作用的多种经济要素在特定城市区域内构成的经济活动综合体，由区域内的市场、劳动力、资金等多种经济要素构成，主要包括经济实力、经济结构以及基础设施等，这些经济因素与城市的创新活动密切相关。经济发达地区更有可能从规模经济和集聚效应中获得创新资源与创新能力的优势。另外，不同的经济结构对创新也会产生不同的影响，一般第二产业和第三产业占比重较大的地区，其实施和技术要素的流动相对来说较为频繁，对创新十分有利。除此之外，竞争激烈的市场环境会使企业对创新产生更大的需求，使创新活动更加频繁。当然，作为经济环境的重要组成部分，基础设施环境是创新系统正常运作的物质基础。

综上分析，城市创新的主体、内容及环境共同构成了城市创新的运行环境。

（四）城市创新的内部运行机制

城市创新的内部运行机制涵盖交互式学习、知识创造和分享、邻近性和社会根植性四个方面。城市区域内部的各创新要素通过该内部运行机制相互作用与协调整个城市创新系统，推动产生新产品和技术，进而提高城市创新效率与竞争力水平。

1. 交互式学习

"经济学习"一词源于达尔尼夫的著作《知识经济》。达尔尼夫将"经济学习"应用到城市创新之中，还根据学习主题的层次将经济学习分为第一级经济学习（侧重于组织内部学习）、第二级经济学习（侧重于企业间学习）和第三级经济学习（侧重于整个经济系统内部学习）三个级别。作为城市创新过程中整个内部运行机制的核心，交互式学习的主要表现是企业间相互合作、人力资源等要素在创新主体间流动等。

2. 知识的创造与共享

在城市创新的过程中，知识的创造主要包括科学知识和技术知识两种表现形式，其中科学知识由高校及科研机构经过基础研究创造出来，而技术知识作为能激发企业生产积极性的知识形态，凭借其使用价值能为企业带来较好的经济效益。

在城市创新的过程之中，知识共享能动态化提高整个系统内部企业之间的技术和知识水平，实现现有知识的重组与递增，也即知识的共享可以实现要素之间交互学习的能力。然而，知识的共享要求企业之间以及各要素之间具有较高的信任度，可以共享一定的文化、制度与社会规范，这也反映了知识的共享和社会根植性密不可分。

3. 邻近性

对于邻近性来说，企业与高校、科研机构之间的邻近性要比企业之间的邻近性更为重要。其中地缘上的邻近对知识扩散具有较大的促进作用，能通过各创新主体之间亚文化的形成，使得邻近主体具有相似的行为标准。

邻近性在城市创新系统中并非是只有地理距离上的邻近，区域内的企业与大学、科研机构等在地理区位邻近的条件之下，创新机会将会随着企业与大学、科研机构之间的信息和知识交流的增加而增加。但是，若只有企业之间存在地理上的邻近，增加的更多的是相同的经济、社会文化及制度等方面的交流，并不一定会带来产生创新的信息和知识的交流增加。

另外，企业之间存在的邻近性还具有以下三方面的优势：其一是企业之间的邻近有益于企业技术知识和信息外溢，使企业之间的技术与产品成本降低；其二是作为知识和技术载体的人力资本在城市创新中发挥的作用越来越重要，企业邻近所带来的集聚效应可以集聚同类行业的劳动力，提高人力资本成本优势；其三是企业邻近性在带来企业集聚的同时也会逐渐形成产业集群，形成区域内产业的规模经济效应与范围经济效益，与此同时，这也增强了企业的市场影响力，有利于形成产业集群的品牌。

4. 社会根植性

根植性的内涵是指同社会行为和结果类似，经济行为和结果不仅受到行为人之间相关关系的影响，而且还受到整个网络结构的影响。根植性体现了各创新主体在创新系统中的融入程度，同时这种融入程度本质上可以反映创新主体在整个社会网络中的位置。创新主体要素的根植性对各要素获取信息和资源的便捷度、各要素之间的交互式学习以及信息知识共享都会产生较大的影响。

社会根植性对创新主体要素之间的相互关系会产生影响，其作用机制主要是通过信任机制与社会资本来影响，这种影响通过在创新系统中增加要素根植性的力度对创新的发生产生作用。其中，信任机制是指系统内的企业可以享受高于非系统内企业的信任资源禀赋与社会资本积累，这能在增强企业间协调度的同时帮助积累企业间的共同知识，使企业的利润获取更具长期性，也使整个系统的竞争优势更具持续性。社会资本除企业之间以及企业与其他相关群体及要素之间所形成的社会联系总和之外，还包括企业取得而且利用这些社会关系来增加外部信息的综合能力，社会资本的重要作用主要体现在它既有助于带动创新根植于区域的经济增长，也有助于培育与保持整个系统的创新能力。

三 城市创新系统的特征

城市创新系统既不是微观的企业创新系统，也不是宏观的国家创新系统，而是介于两者之间的中观行为，城市创新系统的核心是产业的创新。同企业创新相比较而言，城市创新系统的关键作用是凸显产业化的产业创新与科技成果。除此之外，城市创新行为具有较强的自反馈特征，主要表现为创新发展的动力可以在创新系统内部持续地自发和产生，带来连锁式的反应机制，进而实现高效的创新扩散，推动城市整体创新水平的提升。城市创新系统在促进区域经济发展方面表现出以下几方面的特征。

（一）开展有针对性的创新活动

城市创新系统属于区域性的创新系统，本质上它可以依据区域经济的发展现状和要求，有效地开展相应的创新活动，进而较为高效地推动城市经济发展。这些针对性的创新活动一般都是根据当地的优势特点来进行的，具有较强的区域性特点。

（二）促进产业转型升级

产业创新既是城市创新的重点，也是城市创新的核心。此外，城市创新的主要内容是以推动新技术为基础的新兴产业快速发展。城市内部的企业和产业之间的有效竞争是有利的，不仅可以促进创新的产生与发展，还可以推进企业与产业的升级，持续涌现出新兴产业。这些新兴产业成长为新的主导产业，实现城市产业结构的升级。

（三）提高城市自主创新能力

城市创新活动是以城市辖区的区域作为整体，相对来说能够比较全面地涵盖科研机构、企业、政府及高校等各个创新主体以及创新资源和创新优势，因而拥有相对独立的城市创新活动，能够产生较为完整的创新系统，进而为搭建创新链奠定基础，更为城市创造了自主创新的条件。

第三节　城市创新系统的构建

一　创新型城市模型的不足

目前，国内许多城市相继展开了省部级甚至是国家级的创新型城市试点工作，成效显著。通过查阅文献以及对部分城市的走访调研，总结出在国内的创新型城市建设中，如下三个问题较为突出：其一是创新主体不足，特别是企业的创新型人才最为匮乏；其二是对创新对象重视度不均衡，在实践中对知识、技术的创新比对制度、服务的创新的重视度要高很多；其三是创新过程中的创新环境和基础设施不完善，对创新的运行与扩散产生较大的负面影响。这三方面的问题是当前国内所创建的创新型城市中普遍存在的问题。

学者们通过对于普遍性问题的研究，取得了较为丰富的理论成果，并从多角度对其进行了分析。但是学者们对创新型城市创建过程中的创新主体、创新对象以及创新过程的研究存在明显不足。

（1）在创新主体方面，学者们更多地单独分析政府、企业、高校以及科研机构等创新主体在创新型城市的创建过程中所起的推动力作用及存在的问题，而忽视了创新主体之间两两相互作用对创新型城市创建所产生的共同影响方面的研究。

（2）在创新对象方面，知识与科技的创新研究对比制度与服务的创新研究比例失衡，前者远多于后者。

（3）在创新过程方面，对城市运行过程创新的研究远多于其创新型城市建成后的对周边辐射作用的研究。

上述在研究中存在的较为突出的问题，给实际研究中的研究方法选取与政策制定带来误导。在实际的研究中，建立立体化的基础研究模型十分重要，这既要求我们从单个维度进行深入的研究探讨，也需要对多个维度相互作用的效果进行深入研究。

二 创新型城市的主体—对象—过程（SOP）模型

在上述分析的基础之上，本书提出基于创新型城市的 SOP 模型，即主体（Subject）—对象（Object）—过程（Process）。其中主体为创新型城市的创新主体（政府、企业、高校与科研机构）；对象为创新型城市的创新对象（知识、技术、制度和服务）；创新过程为创新型城市的创建过程（运行与扩散）。具体模型如图 3.2 所示。

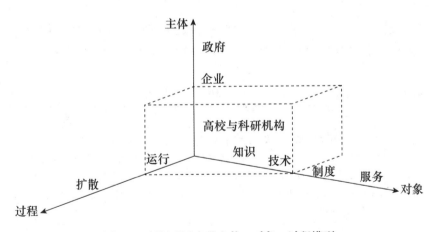

图3.2 创新型城市的主体—对象—过程模型

图 3.2 中的坐标轴分别为创新主体、创新对象和创新过程，并且在坐标轴中标出了各自的要素。该三维图可以清晰地反映创新主体、创新对象以及创新过程两两之间的相互作用，由此得出相应的相互作用表，如

表 3.4 所示。

表 3.4 创新型城市的主体—对象作用

	知识	技术	制度	服务
政府			√	√
企业		√	√	
高校和科研机构	√	√	√	√

其一是营造适宜市场经济更好地发展的制度环境，使得市场经济更好地发挥自身调配资源的优势，其中具体的实施措施主要是拟定创新发展战略、创新发展政策以及为创新更好的发展而配备更好的监督体系；其二是为城市创新发展过程中各创新主体的新需求提供服务，除了服务之外，更重要的职能在于协调，以至于各创新主体在实践中应用产学研模式。

作为城市创新的核心主体——企业，其在城市创新发展中所要承担的职能是完成企业中原有的技术与制度向更高效的技术与制度的转变。

作为创新的生产与扩散的源泉——高校与科研机构，其在城市创新中所承担的职能主要在于以下两方面：其一是不断加强对知识技术方面的创新；其二是不断增加对创新型人才的培育。此外，高校和科研机构可以在政府的支持下与企业开展创新合作。

如表 3.5 所示，创新型城市中的创新主体政府、企业以及高校和科研机构在创新型城市的创建过程中存在不同的相互作用效果。

表 3.5 创新型城市的主体—过程作用

	运行过程	扩散过程
政府	一是营造适宜市场经济发展的制度环境；二是增加国民教育培训，提高其原有素质水平；三是创建区域性创新系统；四是增强直接投资在创新方面的指引；五是在国际竞争中保护本国原有技术水平	为区域内要素发展创造相对宽松的环境与政策方面的支撑，不断提供创新方面的高效服务
企业	实现技术与制度两方面的创新	使得扁平化与网络化的组织管理模式得到应用；企业内部与外部之间的交流与合作不断得到加强
高校和科研机构	知识与技术的源动力，创新型人才的培育，创意思想产生	不断与企业、政府建立互动关系，践行产学研合作

如表 3.6 所示，在创新型城市的创建过程中，创新对象中的知识、技术、制度以及服务在运行和扩散过程中表现出不同的相互关系。

表 3.6　　　　　　　　　　创新型城市的过程—对象作用

	知识	技术	制度	服务
运行	区域内的产、学、研、政相结合	新产品设计—生产活动中的技术运用	推动区域或城市的经济增长，创新能力不断提升并在社会扩散，创新空间不断扩展	在为社会提供高效的服务的同时获得社会认可
扩散	从时间和空间两个维度不断从发源地向外转移，并逐渐被其他区域以合法化手段应用，实现商品化、产业化、主体化、制度化等	熟悉生产过程—改善生产过程的技术运用	影响人们的思想观念、生活方式、行为习惯	诱导社会需求，加速社会创新的运行和扩散

综合上述分析可知，在创新型城市的创建过程中，创新主体、创新对象以及创建过程三者之间既存在相互联系又存在相互作用。本书所提出的三维模型——SOP 模型为创新型城市的更进一步的理论研究和实践提供了新的分析方法。创新型城市创建成功与否，关键在于政府、企业以及高校与科研机构三者之间是否建立互动式的治理结构。在对创新对象知识、技术、制度以及服务的高效管理的同时，还需要创新主体政府、企业以及高校与科研机构充分发挥各自职能。这些将为创新型城市从运行向扩散发展奠定基础。

第四节　小结

本章对创新型城市和城市创新系统进行了系统剖析。

首先，对创新型城市的内涵做了一致性和差异性分析，并在此基础上提出创新型城市的内涵与基本特征。认为创新型城市是在特定的地理空间范围内，创新主体之间实现良性互动，创新对象技术、制度以及文化实现相互融合，始终坚持自主创新的发展战略，不断完善创新体系，营造良好的创新环境，产生创新资源的有效集成，实现高效的创新产出，创新人才高度集聚，使得城市的发展形态逐步呈现出创新行为普遍化、规模化和常态化。创新型城市应具有五个基本特征：自主创新、动态演进、体系完备、环境优越、标志明显。

其次，对城市创新系统的内涵、结构和特点做了梳理。城市创新系统的主体主要有企业、高等院校和科研机构、政府、中介服务；城市创新的主要内容有技术、知识、制度、产业以及服务等方面的创新等；城市创新环境分为自然、社会、文化、制度、经济五大方面；内部运行机制包括交互式学习、知识创造和分享、邻近性和社会根植性四大方面，并对城市创新的特征做了小结。

最后，构建了一个基于创新型城市的主体—对象—过程（SOP）模型，从三维层面构建了创新型城市建设过程的基础建模。SOP模型中的主体为：政府、企业、高校与科研机构；对象为知识、技术、制度和服务；过程包括运行及扩散。创新型城市所涉及的主体、对象和过程三者之间是相互联系、相互作用的。创新型城市创建成功与否，关键在于政府、企业以及高校与科研机构三者之间是否建立互动式的治理结构。在对创新对象知识、技术、制度以及服务进行有效管理的同时，还需要充分发挥政府、企业以及高校与科研机构三个创新主体各自在创新型城市创建中承担的职能。这些将为创新型城市从运行向扩散发展奠定基础。

第四章 城市创新能力评价指标体系的确定

第一节 城市创新能力评价指标体系的构建

一 构建思路

创新型城市的 SOP 模型中，创新要素投入和创新环境不仅体现在政府层面，而且也体现在高校和科研机构层面。其中创新要素投入由政府、企业及高校和科研机构的投入和以知识、技术等不同创新要素的投入共同组成，创新环境由制度环境和服务环境共同组成；而主体和对象在创新运行及扩散过程中取得的成效则具体反映为创新产出水平。因此，可以从以下三个方面来科学地构建用于创新型城市评价的指标体系。

（一）反映城市创新主体的水平

城市创新的主体主要是当地政府、企业、高校和科研机构，三类主体彼此间形成了一种长期性且可持续的良好互动关系，从而达到产、学、研、政合作的目的。各类创新主体的投入是城市创新系统投入能力的重要体现。因而引入国家级高新企业技术数、省级以上重点实验室和重点工程中心数、每万人普通高校在校大学生数、地方教育经费投入、地方财政科技经费投入等指标来反映城市创新主体的发展水平。

（二）反映城市创新对象的水平

SOP 模型中的对象主要包括四个方面，即知识、技术、制度和服务创新等，四个方面的创新成果形成了城市创新系统的重要产出，体现城市创新的产出能力。因此，选取年度授权专利数、省级以上科技奖数、有效注册商标数、高新技术产值率、新产品产值率等反映知识和技术创新水平，选取国家级科技企业孵化器、认定登记的技术合同成交额等指标反映服务创新的水平。

（三）反映创新过程的水平

创新过程的水平主要是考虑创新的运行和扩散、对于周边城市的扩散辐射作用，从而加速社会创新从发源地向外进行空间和时间的传播转移，从环境、设施和扩散溢出等角度，选取研发经费投入、金融服务和人才支撑等方面的指标，以反映创新过程的扩散水平。

二　构建原则

（一）科学性原则

所谓科学性原则，是指用于评价创新型城市的指标体系，可以科学且准确地反映目标城市的创新能力水平，并从中反映出其创新型城市建设的优势与不足。评价体系中具体指标的选取必须有理有据，不可凭空捏造，具体表现为与指标相关的定义、类别、衡量单位、测度方法等必须具有科学依据，不可具有歧义性。

（二）代表性原则

所谓代表性原则，是指用于评价创新型城市的指标体系中，具体指标必须具有明显的代表性，能够在某个方面或者某个环节上评价一个城市的创新能力。但在实际选取指标时，评价指标体系无法做到面面俱到，从而要求在构建评价指标体系过程中必须将核心指标纳入其中。所谓核心指标，是指能够显性地反映出一个城市创新能力发生变化的重要因素指标。需要注意的是，评价体系中的指标要具有高认可度（多数政府或相关研究人员认可），而且指标之间的相关性较低。

（三）系统性原则

所谓系统性原则，是指用于评价创新性城市的指标体系中，具体指标应该设计得全面，涵盖城市创新能力的每个侧面。例如，针对创新要素层面，设计了包含知识创新、技术创新、制度创新和环境创新等方面的评价指标来体现系统性原则；针对创新过程层面，设计了包含创新投入、创新产出、创新支撑和创新管理等方面的指标来体现系统性原则。

（四）有效性原则

有效性原则体现在两个方面：一是评价体系中的指标要能够较为显性地表示出被评价对象的不同特征。换言之，在某个具体指标上所有被评价的城市都近乎一致地表现为高分或低分，那么此指标是无效的，几乎不具有鉴别力。二是评价体系中的指标要在不同时间和区域上表现出可比性，这意味着构建指标时要尽可能以相对数、平均数、比值等为主。

（五）易操作性原则

易操作性原则体现在三个方面：一是评价体系中的指标尽可能简化，数量不宜过多，否则测算较为复杂，操作不便；二是评价体系中指标所需要采集的数据尽可能简单易行，最好都是定量指标而非定性指标，这样可最大限度降低评价的主观性，同时最好是从统计年鉴等系统中获取，增强数据的科学性和获取性；三是评价体系中的指标测算尽可能简单。

（六）导向性原则

所谓导向性原则，是指构建的城市创新能力评价指标体系能够对创新型城市的评价标准起导向作用。具体标准包括城市的创新基础、资源、机构、环境和产出等方面，并能够让人们清楚地了解城市创新能力所反映的创新型城市建设的程度、所处阶段及差距等状况，以及未来的目标，使城市创新有所为、有所不为。

三　构建方法

当前城市创新能力评价指标体系中的指标多为定量指标，采用有关部门统计数据进行演算评价。实际上，指标体系中经常会有一些无法直接统计的定性指标，如政府的创新意识，以及推动、管理、调控创新型城市建设的能力等内容，应该做定性评价。建立指标体系的过程较为复杂，主要包括指标选取、指标结构关系确定等内容，所以将定性和定量分析方法结合考虑较为合理。

其中定性分析根据评价目的与准则，综合权衡评价指标的科学性、代表性、系统性、有效性、导向性，并协同评价指标与评价方法的对应性，主要是基于创新理论的解释进行变量的选择。定性分析具体包括三种，分别是频度统计法、理论分析法和专家咨询法。频度统计法主要是统计在权威期刊相关论文和研究报告中城市创新能力各评价指标出现的频度，根据需要选择使用频度较高的指标作为主要指标；理论分析则通过在理论方面比较分析并综合创新型城市的内涵、特征及组成要素等，根据需要选择针对性较强的指标作为主要指标；专家咨询法，顾名思义，就是咨询有关专家对于评价指标体系中相关指标及结构的建议与意见，从而对指标做出相应调整。

　　定量研究通过数据收集与相关数学检验，力求使指标体系更加科学合理。定量方法主要是利用定量指标数据潜在的相关关系，借助多元统计分析等数理检验方法使城市创新能力评价指标体系更加精练合理。

　　指标体系的构建需要经历初选和完善两个阶段。初选阶段常用到的方法包括综合法和分析法。综合法是指综合定性和定量分析的一种指标构造方法，通过对现有指标按一定标准进行筛选来使其更具体系化。分析法则首先将度量对象和目标划分成若干部分和侧面，并逐步细分至每一部分和侧面都能用具体的统计指标来进行描述。初选阶段结束后必须通过完善阶段进行指标的科学性检验来使指标体系更加科学，只有科学的指标体系才能获取正确的统计分析结论。借助多元统计分析等定量研究方法的一系列检验，使指标体系更加科学和合理，进一步完善创新型城市评价指标体系。

　　本书借鉴国内外城市创新能力评价理论研究成果，并结合我国创新型城市建设现状，在 SOP 模型的基础之上，运用聚类分析、非参数检验和 Kano-Ihara 拟合优度分析等多元统计方法，定性与定量分析相结合来确定城市创新能力评价指标体系。

四　指标体系

　　初步选定的城市创新能力评价指标体系架构见表 4.1。在数据来源方面，主要根据第二次全国科学研究与试验发展（R&D）资源清查主要数据公报、2014 年中国城市统计年鉴、2014 年中国火炬统计年鉴、各城市统计年鉴、2014 年各城市国民经济和社会发展统计公报等统计指标数据库。采用上述数据库中的数据初步建立创新型城市原始指标数据库。数据库涉及了创新型城市的主体—对象—过程三个子系统共 32 个指标。

　　由于各省市在国民经济和社会发展统计公报等数据来源的发布形式上尚不统一，在少数指标的检索上存在着困难。其中，省级以上重点实验室和重点工程中心数、高新技术产业产值占工业总产值比重两个指标缺失值较多，样本量只有 293 个左右，所查到的数据主要集中在沿海城市和副省级城市。但这两个指标对于研究城市创新系统又较为重要，因此，在统计学允许的范畴之内，本书对两个指标进行了缺失值的回归补充。

表 4.1 原始指标体系

一级指标	二级指标		三级指标	编号
创新型城市评价指标体系	主体	产	国家级高新企业技术数(家)	X1
			省级以上重点实验室和重点工程中心数(家)	X2
		学	每万人普通高校在校大学生数(人)	X3
			普通高校专任教师数(人)	X4
		研	政府属研究机构 R&D 人员全时当量(人年)	X5
		政	地方教育经费投入(亿元)	X6
			地方教育经费投入占 GDP 比重(%)	X7
			地方财政科技经费投入(亿元)	X8
			地方财政科技经费投入占 GDP 比重(%)	X9
	对象	知识	年度授权专利数(件)	Y1
			省级以上科技进步奖数(项)	Y2
		技术	高技术产业产值占工业总产值比重(%)	Y3
		制度	有效注册商标数(件)	Y4
		服务	国家级科技企业孵化器指数(家)	Y5
			认定登记的技术合同成交额(万元)	Y6
	过程	环境	资本支撑 全社会研发经费投入(万元)	C11
			全社会研发经费投入占 GDP 比重(%)	C12
			规模以上工业企业研发经费支出(万元)	C13
			规模以上工业企业研发经费支出占 GDP 比重(%)	C14
			年末金融机构存款余额(亿元)	C21
			年末金融机构贷款余额(亿元)	C22
			年末金融机构存款余额和贷款余额(亿元)	C23
			创业风险投资机构数(家)	C24
			人才支撑 全社会 R&D 人员全时当量(人年)	C31
			全市各类专业技术人员数(万人)	C32
			每万人人才数(人)	C33
		设施	每万人国际互联网用户数(户)	C41
			每百人公共图书馆总藏书量(册)	C42
		扩散溢出	人均 GDP(元/人)	C51
			服务业增加值占 GDP 比重(%)	C52
			规模以上工业劳动生产率(万元/人)	C53
			万元 GDP 综合能耗(吨标准煤/万元)	C54

第二节 城市创新能力的评价指标筛选

一 筛选方法

（一）聚类分析

聚类分析的原理是通过数据建模来简化指标数据。常用的统计聚类分析方法包括系统聚类法、分解法、动态聚类法、有序样品聚类法和模糊聚类法等。为便于操作，SPSS、SAS 等著名统计分析软件包已经采用了 K—均值、K—中心点等算法的聚类分析工具。根据聚类分析的数理特性，可以选择具有相似统计特性的同类指标进行指标分类及筛选。

（二）非参数检验

非参数检验属于应用统计学范畴，传统非参数检验方法包括符号检验、双样本 Wilcoxon 检验、两个独立样本非参数检验 Wald-Wolfowitz 游程检验、多样本 Kruskal-Wallis 检验和 K 个独立样本非参数检验 Kruskal-Wallis 单向评秩方差分析等，主要工具包括秩和格点概率分析等。有别于传统的参数检验，非参数检验对模型和数据的假定相对宽松。非参数检验不依赖总体分布，一般不明确规定被抽样总体的参数。该检验方法在抽样总体不服从正态分布时，用 χ^2 检验来检验数据资料是否来自同一总体，度量样本间的相似程度。

本书采用的是两个独立样本非参数检验 Wald-Wolfowitz 游程检验和 K 个独立样本非参数检验 Kruskal-Wallis 单向评秩方差分析。通过它们来检验同类指标之间是否具有显著性差异，从而对聚类分析进行有效性检验。

（三）Kano-Ihara 拟合优度分析

通常为比较公因子方差值原则（magnitude of communality criteria），其基本思路是计算所有变量的公因子方差值，删除一些具有较小公因子方差值的变量。但此方法忽略了变量在模型拟合优度中的作用，容易将那些对模型拟合优度贡献很大但公因子方差值较小的变量删除，从而影响建模效果。如 Joreskog[1] 利用因子分析研究 Davis[2] 的一个有关阅读理解问题的数据集时，发现都无法构建单因子和双因子模型，即使勉强构建得到的拟合优度很差，计算数据集中 9 个变量的公共因子方差如表 4.2。

表 4.2　　　　　　　　　　公共因子的方差

变量序号	1	2	3	4	5	6	7	8	9
公共因子差	0.658	0.661	0.228	0.168	0.454	0.800	0.705	0.434	0.703

如按照比较公因子方差值原则，变量 4 的公因子方差值最小，因此可以从模型中删除，但用余下的变量仍无法建立合适的因子分析模型。Kano 和 Ihara[3] 研究后发现，在删除变量 1 或变量 2 时可获得一个很好的单因子模型，然而变量 1 或变量 2 的公因子方差值并不是最小，将其删除后将给拟合度收敛性建模带来很大的困难。

考虑到本书下面准备建立结构方程模型这一实际问题，本书将采用另外的变量选择方法，即基于拟合优度统计量来选择进入结构方程模型的显变量[4]。在结构方程模型中，衡量模型的拟合优度指标通常有卡方统计量、GFI、CFI、IFI 和 RMSEA 指标[5][6]，可根据实际来选择采用的统计量。由于计算量很大，Harada 和 Kano 给出了一个被称为 SEFA（Stepwise Variable Selection in Exploratory Factor Analysis）的在线计算程序，仍以 Davis 的数据为例说明变量的选择过程。

将 9 个变量的相关系数阵、变量个数、样本量输入程序，以 stepwise 过程来选择变量如下。

1. 初始模型选定

首先，根据经验进行模型的主观确定，从数据集中选定变量 1 至变量 5 来描述阅读理解问题，即构成该问题的初始模型。经过计算，其卡方

①　Joreskog, K. G., "Some Contributions to Maximum Likelihood Factor Analysis", *Psychometrika*, Vol. 34, 1967, pp. 183 – 202.

②　Davis, F. B., "Fundamental Factors of Comprehension in Reading", *Psychometrika*, Vol. 9, 1944, pp. 185 – 197.

③　Kano, Y. & Ihara, M., "Identification of Inconsistent Variates in Factor Analysis", *Psychometrika*, Vol. 59, 1994, pp. 5 – 20.

④　Yutaka Kano & Akira Harada, "Stepwise Variable Selection in Factor Analysis", *Psychometrika*, Vol. 65, 2000, pp. 7 – 22.

⑤　Arbuckle, J. L., *AMOS 3.5*, Chicago：Smallwaters, 1995.

⑥　Bollen, K. A., *Structural Equations with Latent Variables*, New York：Wiley, 1989.

值、自由度和 P 值分别为 16. 388、5、0. 006。可以判断，该模型不显著，应通过变量选择来调整模型。利用 SEFA 程序计算（以卡方拟合优度为例）后，得到的结果见表4. 3。

表4. 3 模型调整的结果

变量	1 *	2 *	3 *	4 *	5 *	6	7	8	9
卡方 （自由度）	2. 349 （2）	2. 802 （2）	6. 792 （2）	7. 360 （2）	10. 144 （2）	33. 646 （9）	21. 677 （9）	21. 160 （9）	21. 490 （9）
P 值	0. 302	0. 238	0. 034	0. 025	0. 006	0. 000	0. 010	0. 012	0. 011

其中加 * 变量为初始模型包含的变量，其对应的卡方值和 P 值分别表示如果在初始模型中去掉该变量，新模型的卡方值和 P 值，而没带 * 的变量6 至变量9 为初始模型不包含的变量，其对应的卡方值和 P 值分别表示如果在初始模型中加入该变量，新模型的卡方值和 P 值。

从表4. 3中可以看出，可考虑去掉变量1 或变量2，加入变量6 或变量7。

2. 模型的调整

不断重复上述步骤，经过6 次去掉或加入变量的检验过程，最终得到如下结果（见表4. 4）。在最终模型中，包含了变量2、变量3、变量4、变量5、变量6、变量7、变量8、变量9。其卡方值和 P 值分别为27. 049 和0. 135，故最终模型是显著的。

表4. 4 最终模型的结果

变量	1	2 *	3 *	4 *	5 *	6 *	7 *	8 *	9 *
卡方 （自由度）	54. 460 （27）	20. 860 （14）	20. 640 （14）	23. 838 （14）	19. 516 （14）	14. 384 （14）	14. 464 （14）	16. 039 （14）	16. 777 （14）
P 值	0. 001	0. 106	0. 112	0. 048	0. 148	0. 415	0. 410	0. 314	0. 271

二 指标筛选流程

对于城市创新能力评价指标数据库，分别在每一子系统中进行聚类分析，并将聚类结果中单独一类的指标直接纳入城市创新能力评价指标体系。对于指标个数大于或等于2 的子类，采用定性分析和定量研究相结合的方法，验证聚类分析的有效性。这里的定量研究是进行统计非参数显著性差异检验，其中 Wald-Wolfowitz 游程检验适用于两个指标的子类，Kruskal-Wallis 单向评秩方差分析适用于两个指标以上的子类。

如果同类指标有显著性差异，则两个指标的子类中的指标全部进入指标体系，两个指标以上的子类则继续进行聚类分析，直到不再有显著性差异为止。

如果同类指标没有显著性差异，通过主观判断对于两个指标的子类，二选其一纳入评价指标体系；对于两个指标以上的子类，对其中的指标进行相关分析，并对每一指标的相关系数求和，数值最大者与其他同类指标相关性较高，具有较强的代表性，因此纳入评价指标体系。

接下来，通过 Kano-Ihara 拟合优度分析对初步评价指标体系的结构方程模型进行拟合优度检验。即以原始指标体系或初步评价指标体系为初始模型，计算初始模型的各个拟合指数，从对结构方程模型拟合优度贡献很大但公因子方差值较小的目标考虑，进行评价指标体系的结构方程模型的拟合优度检验，同时也为了进一步进行前述初步评价指标体系的有效性验证。如果通过了拟合优度检验和有效性检验，那么评价指标体系可以正式确定。如果没有通过以上两个检验，那么应该适当增加或减少指标个数，继续调整初步评价指标体系，直至通过检验为止。

综上所述，基于多元统计方法的综合评价指标体系选择可以简要分为三个定性与定量分析相结合的步骤：定性的分类过程—定性和定量的筛选过程—Kano-Ihara 拟合优度分析检验和验证过程，具体如图 4.1 所示。

采用该方法的意义和优点在于：

（1）聚类分析能有效地把性质相近的个体归为一类，以保证同类个体具有高度同质性。依据创新型城市指标体系构建原则中的典型性原则，指标必须具有典型性和代表性，聚类分析结果中同质的指标必须有选择地加入指标体系中。

（2）为了保证指标体系的完备性与典型性，非参数检验对聚类分析结果起到验证作用，通过进一步的定性分析确保在同类指标中选择最具典型性的指标纳入创新型城市指标体系，防止不同质指标的漏选和同质指标选择过多，保证评价指标体系与原始指标体系的高度相关性和可替代性。

（3）基于 Kano-Ihara 拟合优度统计量的城市创新能力评价指标体系选择检验，既可以完成创新环境支撑水平这一子系统指标体系的构建，也可以完成子系统指标体系对应的结构方程模型的拟合优度检验，同时可以验证通过聚类分析及非参数检验确定的初步评价指标体系的有效性。

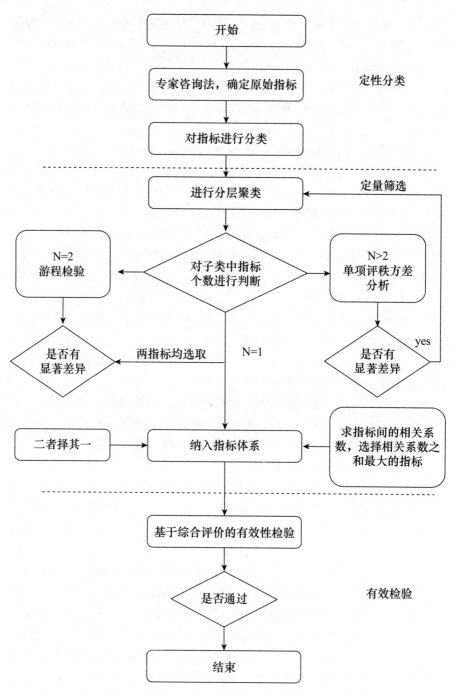

图 4.1　基于多元统计方法的综合评价指标体系选择流程

第三节　创新城市评价指标体系的确定

基于上述分析，对城市创新能力评价指标体系原始数据库中的 32 个指标，通过聚类分析、非参数检验和 Kano-Ihara 拟合优度分析进行创新型城市指标体系的筛选。

以创新型城市的过程指标为例，该子类包括 A1（C11、C12、C13、C14、C21、C22、C23、C24、C31、C32、C33、C41、C42、C51、C52、C53、C54）共 17 个指标，筛选流程实现过程如下。

一　无量纲化处理

消除指标之间量纲差异的常用方法有很多，比如全距从 – 1 到 1（把正在标准化的变量的值用最大值去除。如果最大值为 0，则改用最小值去除，其商加 1）、全距从 0 到 1、均值归一（对正在被标准化的变量的值除以这些值的均值。如果均值是 0，对变量或观测量的所有值都加 1，使其均值为 1）、正态标准化（数值标准化到 Z 分数）等，这些方法在 SPSS 等统计分析软件中得以集成。本书对这评价指标进行正态标准化的无量纲化处理。这一过程采用 SPSS 统计分析软件进行聚类分析时会自动完成。

二　聚类分析及非参数检验

首先对这 17 个指标进行基于相关系数距离的最远邻法分层聚类，这一过程采用 SPSS 统计分析软件进行，结果见表 4.5、表 4.6。

按照聚类分析的结果，可以将创新要素投入子系统的指标分成 12 类，即（C21、C23、C22），（C11、C31），C32，C13，C33，C24，C52，（C12、C14），（C42、C51），C41，C53，C54。

由于全市各类专业技术人员数（C32）、规模以上工业企业研发经费支出（C13）、每万人人才数（C33）、创业风险投资机构数（C24）、每万人国际互联网用户数（C41）、服务业增加值占 GDP 比重（C52）、规模以上工业劳动生产率（C53）和万元 GDP 综合能耗（C54）都是只有一个指标的子类，因此将这个指标直接纳入城市创新能力评价指标体系。

表 4.5　相关系数矩阵

		C11	C12	C13	C14	C21	C22	C23	C24	C31	C32	C33	C41	C42	C51	C52	C53	C54
相关	C11	1.00	.63	.84	.35	.96	.92	.95	.76	.97	.88	.80	.34	.49	.48	.50	.05	-.18
	C12	.63	1.00	.62	.56	.53	.55	.54	.49	.65	.54	.65	.40	.33	.53	.36	.12	-.13
	C13	.84	.62	1.00	.42	.76	.82	.79	.74	.89	.81	.78	.43	.48	.60	.44	.04	-.20
	C14	.35	.56	.42	1.00	.31	.36	.33	.28	.41	.35	.49	.32	.31	.42	.33	.00	-.05
	C21	.96	.53	.76	.31	1.00	.96	.99	.75	.94	.90	.78	.30	.50	.42	.54	.02	-.17
	C22	.92	.55	.82	.36	.96	1.00	.99	.80	.94	.92	.81	.36	.52	.48	.58	.02	-.18
	C23	.95	.54	.79	.33	.99	.99	1.00	.78	.95	.91	.80	.33	.51	.45	.56	.02	-.18
	C24	.76	.49	.74	.28	.75	.80	.78	1.00	.81	.72	.66	.31	.42	.54	.45	.02	-.15
	C31	.97	.65	.89	.41	.94	.94	.95	.81	1.00	.90	.86	.39	.51	.54	.54	.00	-.22
	C32	.88	.54	.81	.35	.90	.92	.91	.72	.90	1.00	.80	.35	.42	.43	.50	.00	-.22
	C33	.80	.65	.78	.49	.78	.81	.80	.66	.86	.80	1.00	.49	.50	.63	.54	.07	-.22
	C41	.34	.40	.43	.32	.30	.36	.33	.31	.39	.35	.49	1.00	.36	.48	.32	.09	-.10
	C42	.49	.33	.48	.31	.50	.52	.51	.42	.51	.42	.50	.36	1.00	.57	.29	.09	.01
	C51	.48	.53	.60	.42	.42	.48	.45	.43	.54	.43	.63	.48	.57	1.00	.28	.30	-.03
	C52	.50	.36	.44	.33	.54	.58	.56	.45	.54	.50	.54	.32	.29	.28	1.00	-.17	-.16
	C53	.05	.12	.04	.00	.02	.02	.02	.02	.00	.00	.07	.09	.09	.30	-.17	1.00	.08
	C54	-.18	-.13	-.20	-.05	-.17	-.18	-.18	-.15	-.22	-.22	-.22	-.10	.01	-.03	-.16	.08	1.00

表4.6 聚类过程

阶	群集组合		系数	首次出现阶群集		下一阶
	群集1	群集2		群集1	群集2	
1	5	7	3.164	0	0	3
2	1	9	18.280	0	0	4
3	5	6	20.540	1	0	4
4	1	5	45.417	2	3	5
5	1	10	70.323	4	0	7
6	3	11	125.934	0	0	7
7	1	3	136.302	5	6	8
8	1	8	195.687	7	0	11
9	13	14	245.674	0	0	12
10	2	4	251.306	0	0	13
11	1	15	319.820	8	0	14
12	12	13	366.878	0	9	13
13	2	12	393.488	10	12	14
14	1	2	415.125	11	13	16
15	16	17	528.871	0	0	16
16	1	16	701.432	14	15	0

对于 C21、C23、C22 这一类，基于人们对年末金融机构存款余额（C21）、年末金融机构贷款余额（C22）、年末金融机构存款余额和贷款余额（C23）之间相关关系的大量研究结果，这一类的个体具有高度的同质性，出于代表性原则没必要全部纳入指标体系。也就是说，按照前面提到的算法流程，本书在相关理论研究充分的基础上，采用定性分析的方法验证了聚类分析的有效性，剔除指标 C21 和 C22 两个指标，将指标 C23 直接纳入城市创新能力评价指标体系。对于 C11、C31 这一类，由于全社会研发经费投入（C11）和全社会 R&D 人员全时当量（C31）两者存在很大的相关性，从相关性表可知两者的相关系数高达

0.97，因而我们删除 C31，将具有代表性的指标 C11 直接纳入城市创新能力评价指标体系。对于 C12、C14 这一类，由于两个指标都是描述研发经费占 GDP 的比重，而且相对于不同规模城市而言，规模以上企业数量相差巨大，因而我们将指标 C14 删除，保留指标 C12，将其直接纳入城市创新能力评价指标体系。

　　由此形成初步评价指标体系 A2（C23、C11、C32、C13、C33、C24、C52、C12、C42、C51、C41、C53、C54）。剔除 C14、C21、C22 和 C31 四个指标后，对剩余的指标再次聚类，得到聚类结果如图 4.2、图 4.3 所示。

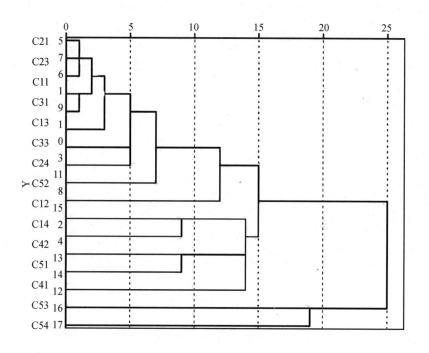

图 4.2　第 1 次聚类树

　　对于二次聚类结果中都出现的每百人公共图书馆总藏书量（C42）和人均 GDP（C51）这一类，按照前面提到的算法流程，进行 Wald-Wolfowitz 显著性检验，看这一子类内的两个指标之间是否具有显著性差异（见表 4.7）。

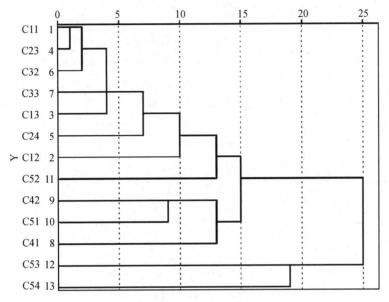

图4.3　第2次聚类树

表4.7　　　　　　　　　　Wald-Wolfowitz 显著性检验

检验统计量[a,b]

	Runs 数	Z	渐近显著性（单侧）	
指标	精确的 Runs 数	2[c]	−23.979	.000

注：a. Wald-Wolfowitz 检验；b. 分组变量：分组 X；c. 没有找到组间结。

在 0.05 的显著性水平下，从 Wald-Wolfowitz 检验结果可以看出每百人公共图书馆总藏书量（C42）和人均 GDP（C51）两个指标具有显著性差异，结合主观判断，这两个指标都应该纳入评价指标体系。

另外，笔者通过计算这些变量之间的相关系数（见表4.5），发现 C42 和 C51 之间的相关系数才 0.57，两个指标的相关性不强，验证了本环节筛选的有效性。

至此，基于综合方法完成了创新型城市的过程水平这一子系统指标体系的构建，确定了创新城市过程水平子系统所包含的 13 个指标，形成初步评价指标体系 A3（C23、C11、C32、C13、C33、C24、C52、C12、C42、C51、C41、C53、C54）。

表4.8　　　　　　　　　　**简化后的指标体系**

一级指标	二级指标	三级指标		编号
	产	国家级高新技术企业数(家)		X1
		省级以上重点实验室和重点工程中心数(家)		X2
	学	每万人普通高校在校大学生数(人)		X3
主体		普通高校专任教师数(人)		X4
	研	政府属研究机构 R&D 人员全时当量(人年)		X5
	政	地方教育经费投入占 GDP 比重(%)		X6
		地方财政科技经费投入占 GDP 比重(%)		X7
	知识	年度授权专利数(件)		Y1
		省级以上科技进步奖数(项)		Y2
对象	技术	高技术产业产值占工业总产值比重(%)		Y3
	制度	有效注册商标数(件)		Y4
		国家级科技企业孵化器指数(家)		Y5
			全社会研发经费投入(万元)	Z1
			全社会研发经费投入占 GDP 比重(%)	Z2
			规模以上工业企业研发经费支出(万元)	Z3
	环境	资本支撑	年末金融机构存款余额和贷款余额(亿元)	Z4
			创业风险投资机构数(家)	Z5
过程			全市各类专业技术人员数(万人)	Z6
			每万人人才数(人)	Z7
	设施	每万人国际互联网用户数(户)		Z8
		人均 GDP(元/人)		Z9
	扩散溢出	服务业增加值占 GDP 比重(%)		Z10
		规模以上工业劳动生产率(万元/人)		Z11
		万元 GDP 综合能耗(吨标准煤/万元)		Z12

（一级指标左侧纵排：创新型城市评价指标体系）

然后,采用 Kano-Ihara 拟合优度分析,利用创新城市过程水平子系统所对应的指标体系或上述方法构建的初步评价指标体系,建立初始的单因子分析模型,将上述显变量的相关系数阵、变量个数和样本量输入程序 SEFA 中计算,基于拟合优度指标的变化增减相应指标,结合指标的直观经济意义用 backward 流程逐个删除变量,直至模型满足要求。

按照这种方法的计算结果，可考虑删除指标 C41 以提高拟合优度，形成初步评价指标体系 A4（C23、C11、C32、C13、C33、C24、C52、C12、C42、C51、C53、C54）。初步评价指标体系 A4 所对应的结构方程模型的拟合优度有了较大的改善，表现在指标个数减少，而模型的拟合优度则提高了，这正是 Kano-Ihara 拟合优度分析方法的魅力所在。由于初步评价指标体系 A4 已经具备较好的模型拟合优度，通过了拟合优度检验和有效性检验，A4（C23、C11、C32、C13、C33、C24、C52、C12、C42、C51、C53、C54）成为创新型城市过程水平这一子系统正式评价指标体系。

将上述算法应用于城市创新系统中的其他子系统中，最终确定的城市创新能力评价指标体系如表 4.8 所示。通过计算，将原始数据库的 32 个指标减少为 24 个指标，而这 24 个指标已经可以有效地代表原有 32 个指标所涵盖的信息，既保持了信息的充分性，也达到了精简的目的。该简化后的指标体系，在编号上也做了重新调整。

第四节　小结

本章在对创新型城市指标体系的选取原则、指标选择的定量分析技术进行探讨的基础上，结合创新型城市指标体系，在定性确定创新型城市指标原始数据库 32 个指标的基础上，通过聚类分析、非参数检验、Kano-Ihara 拟合优度分析和相关性分析等综合定量分析技术，对该原始指标体系进行简化、有效性检验及显著性检验，最终得到了由 24 个指标构成的创新型城市指标体系。

相对于现有的创新型城市指标体系确定方法，该方法有理有据，将定性和定量分析有机结合，指标体系设置基于客观统计数据，指标与创新型城市评价发展态势具有较高的关联度，实现了科学性与典型性、完备性与简明性、有效性与显著性的有机结合，简便易行。

将聚类分析、非参数检验、Kano-Ihara 拟合优度分析及相关性分析等多元统计技术相结合，应用到创新型城市指标体系的选取中，既可以按照某种统计特性进行分类与简化，完成指标体系的构建，避免一些关键指标的漏选，有助于构建最小完备指标集；还可以完成子系统指标体系对应的结构方程模型的拟合优度检验，同时以多种方法验证了初步评价指标体系的有效性。

第五章 基于结构方程模型的城市创新能力研究

第一节 结构方程模型概述

一 结构方程模型及其应用

（一）结构方程模型的出现

经济学中最普遍的关系类型是因果关系，这种关系类型的方向与表现形式同时也是诸多经济学家研究的主要内容，主要目的在于证实相应的经济理论并且做结构性的研究，这种研究就不可避免地要应用处理因果关系的计量模型。其中线性模型是经济实证研究中最常用的模型之一，主要原因在于其操作方便，而回归模型可以说是线性分析模型中运用最多且最早的模型。随着研究的深入，回归模型逐渐得到完善并演化为路径分析模型，随后路径模型同因子分析相结合演化为结构方程模型（Structural Equation Modeling, SEM）。

SEM 是一种线性统计建模技术，是统计分析方法中的一个新的发展领域，不单单是一门将因素分析和路径分析相结合的研究方法学，还是用于处理多变量之间复杂关系的数据研究方法。

SEM 又称协方差结构分析（Covariance Structural Analysis），与 Path Analysis、Cacual Modeling 和 Linear Cacual Analysis 等是社会与行为科学中普遍应用的因果分析方法。1970 年瑞士籍的统计学者 Karl Jreskog 最早提出结构方程概念，并且率先使用 LISREL 这一应用计算机进行数据处理的工具，在此之后结构方程模型便得到广泛应用。SEM 模型可以用来分析假设理论模型中变量的因果关系。

（二）SEM 思路与流程

在社会科学等领域中存在很多不可以直接度量的变量，为了加以区分，将这些变量称为潜变量（latent variable）。潜变量可以细分为外源潜变量与内生潜变量。外源潜变量指不受模型中其他潜变量影响的变量，但它却能直接影响别的潜变量，在路径分析图中相当于自变量。相对应的内生潜变量则是指会受模型中其他潜变量影响的变量，其在路径分析图中相当于因变量。尽管潜变量在实际中是不可观测的，但它们却可通过一些显变量（manifest variable）来反映或测定。不过，这些潜变量的显变量具有的明显特征是自身有较大的度量误差。传统的回归分析往往由于测量误差会给回归模型带来较大的偏差，传统的因子分析方法也不能很好地处理因子之间的联系。而结构方程模型恰好可以弥补传统回归模型与因子分析方法的缺点，它既可以很好地处理模型中出现的测量误差，又能够用来分析变量之间的关系，即建立测量模型（measurement model），同时分析潜变量之间的结构关系，即建立结构模型（structural model）。

结构方程模型分析的流程如图 5.1 所示。

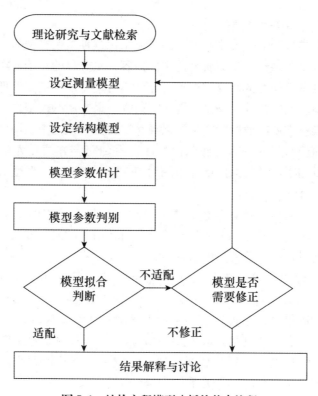

图 5.1 结构方程模型分析的基本流程

（三）SEM 与传统多元统计技术的区别

作为一种综合回归分析、因子分析和路径分析的统计建模方法，结构方程模型的实质是一种多元化的统计技术，它源于传统的统计技术，但又优于传统统计技术。

首先，很多社会、心理研究中所涉及的变量都是不能直接测量的潜变量。传统的统计分析方法不能妥善处理这些潜变量，而结构方程既可以处理潜变量，又可以处理指标。

其次，结构方程模型是在路径分析、因素分析、判别分析、多元方差分析以及多元回归分析等一般线性模型基础上的优化，实质上每一张线性模型都是结构方程模型的特殊表现形式。传统多元统计技术大多只能检验自变量和因变量的单一关系，而结构方程模型由于是在回归分析、因子分析以及路径分析等多种方法基础之上发展而来，其在处理变量之间的复杂关系时可以把变量关系的检验能力向验证性研究转化，还可以为统计假设检验提供有力的理论依据，同时还允许变量之间存在测量上的误差，这使得潜变量之间具体的结构性关系的分析得以实现。

最后，结构方程模型允许自变量与因变量之间同时存在测量误差（measurement errors），路径分析的假设条件不会对其产生约束。结构方程模型对具有相互关系的方程式可以并行分析，特别是对有明显因果关系的方程式。结构方程模型的处理变量间复杂关系的优点为研究者进行探索性与实证性研究提供了很大帮助。在研究具有理论支撑的时候便可以使用验证性方法来证实变量之间关系的真实与否。

二　结构方程模型的基本原理

（一）假设检验

假设检验是结构方程的首要前提条件，假设检验实质上是推论统计，同时也是行为科学的核心内容。在结构方程中，研究者往往需要构建完整的理论作为证实自己理论观点的契合性。在构建完理论后，则需要以假设检验来证实模型整体的契合性或是对模型中某些变量间关联的参数进行度量。

方法学意义中的研究假设内涵是研究者在观察研究对象之间的关系后，对这种关系所做出的初步描述，而这种描述是需要收集数据、资料等进行实证检验的。在结构方程中，不仅可以通过对个别参数进行假设检验来获取其特定的统计意义，还可以通过分析多重参数，对其进行假设检验。在对个别参数进行检验之前，还需要对模型整体进行检验，目的是降低甚至避免多次假设检验所带来的过大的第一类型错误概率。避免假设检验、扩大样本等过度使用，可以从控制统计技术与研究方法层面来提高结构方程的严谨度。除此之外，还可以考虑从研究假设推导过程的角度来控制，比如理论基础是否能支撑，为此可以从提高推理过程的严谨度着手，获取其中一个研究假设，以真正地提升研究的检验准确度，获得较为理想的检验结果。

（二）结构化验证

社会及行为科学中所研究的变量之间的关系，一般是多组变量之间关系的探究，涵盖一个或两个变量之间关系的研究。不仅如此，社会及行为科学中所研究的多变量之间的关系除了数学和表面上存在的关系之外，还会探究变量之间所存在的潜在的因果关系。但在具体研究中，不管是对变量中所存在的具体的因果关系的证实还是对量表内在结构的证实，都需要首先了解所研究对象的性质和具体内容，还需要在此基础之上对变量间的关系做出假设，并以此假设为依据，收集数据进行证实。结构方程的重要优点就在于可以用演进的统计数据来证实假设的真实与否，特别是对社会与行为科学中变量的结构性关系（Bollen，1989）。

（三）模型比较分析

结构方程的另外一个功能是进行模块化分析。结构方程在假设检验与机构化验证的基础之上，可以把一系列的研究假设组合在一个有意义的假设模型之中，最后经过程序处理进行证实。另外需要注意的是，在不同的模型之间是可以进行优劣筛选的。

社会与行为科学中通常会出现这种现象，即一组变量在不同的理论观点下会有不同的假设检验支撑。基于此，研究者可以设计不同的假设前提与相应的理论支撑，进而推导出不同的模型，再通过实证进行模型之间的优劣检验。这一借助模型假设不断优化模型的方法，从某种意义上突破了传统路径分析同时在多组回归模型处理时的约束，不仅如此，还提高了模型在更广的范围中的应用。

结构方程中最核心的功能是进行模块化分析，它能够帮助研究者对社会与行为科学中比较抽象的理论进行高度严谨的实证检验，从而证实所提出的理论模型合理与否。除此之外，结构方程中的模块化分析还将单一参数的假设检验完善至对理论模型的整体性检验，这弥补了传统计量模型所缺乏的整合分析。

三　结构方程的数学模型

SEM 由测量方程（表示观测变量与潜变量之间的关系）和结构方程（表示潜变量与潜变量之间的关系）两部分组成。其中结构方程中两个组成部分的各个方程都为线性关系。

SEM 由显式和隐含两种形式的结构关系构成。显式结构关系包括测量方程（包含块结构关系）和结构方程（包含内部关系）；隐含结构关系包括因果预言关系和权重关系，需要联合观察两类方程才能找到它们的结构关系。潜变量的估计都可以看成是其测量指标通过权重关系决定的权重的加权和。

SEM 中有一些约定的图示记号（graphic symbols），分别列示如下。

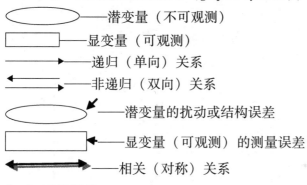

（一）测量模型

测量模型反映潜变量与观测变量之间关系，每一个潜变量有哪些观测变量要依据研究主题、模型的目的和可用测量变量的数量甚至数据来源而定。一般而言，设有 s 个内生变量和 t 个外生变量 ξ_1，ξ_2，…，ξ_s 和 η_1，η_2，…，η_t，记向量形式为 $\xi = (\xi_1，\xi_2，…，\xi_s)'$ 和 $\eta = (\eta_1，\eta_2…，\eta_t)'$，这些潜变量对应的可观测显变量分别为：

ξ_i 对应的显变量为 $x_i = (x_{i1}, x_{i2}, …, x_{im_i})'$　$i = 1,2,…,s$

η_j 对应的显变量为 $y_j = (y_{j1}, y_{j2}, …, y_{jm_1})'$　$j = 1,2,…,t$

则测量模型如图 5.2 所示。

图 5.2 也可用向量方程表示，称为测量方程（measurement equation）。

$$x = \Lambda_x \xi + \delta$$

其中：

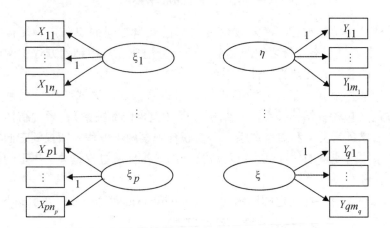

图 5.2　测量模型

$$\Lambda_x = \begin{pmatrix} \lambda_{11} & \cdots & 0 \\ \vdots & \cdots & 0 \\ \lambda_{1n_1} & \cdots & 0 \\ \vdots & \cdots & \vdots \\ 0 & \cdots & \lambda_{s1} \\ 0 & \cdots & \vdots \\ 0 & \cdots & \lambda_{sn_s} \end{pmatrix}, \qquad \Lambda_y = \begin{pmatrix} \lambda'_{11} & \cdots & 0 \\ \vdots & \cdots & 0 \\ \lambda'_{1n_1} & \cdots & 0 \\ \vdots & \cdots & \vdots \\ 0 & \cdots & \lambda'_{t1} \\ 0 & \cdots & \vdots \\ 0 & \cdots & \lambda'_{tn_s} \end{pmatrix}$$

称为因子荷载系数阵。$x = (x_{11}, \cdots, x_{1n_1}, \cdots, x_{s1}, \cdots, x_{sn_s})'$、$y = (y_{11}, \cdots, y_{1n_1}, \cdots, y_{t1}, \cdots, y_{tn_t})'$ 分别为内外潜变量的观测变量向量。$\delta = (\delta_{11}, \cdots, \delta_{1n_1}, \cdots, \delta_{s1}, \cdots, \delta_{sn_s})'$、$\varepsilon = (\varepsilon_{11}, \cdots, \varepsilon_{1n_1}, \cdots, \varepsilon_{t1}, \cdots, \varepsilon_{tn_t})'$ 分别为观测变量的随机误差向量。

上述测量模型本质上是一组单因子分析模型，即潜变量是其所对应显变量的第一公共因子。

（二）结构模型

结构模型表达潜变量与潜变量之间的因果关系，通过路径图的方式，清晰地说明潜变量间的因果联系。只有以正确的理论基础建立的模型才能准确解释变量之间的因果关系，任一路径都不能缺少理论依据。

通过路径分析可建立如下的潜变量结构路径图（见图 5.3）。

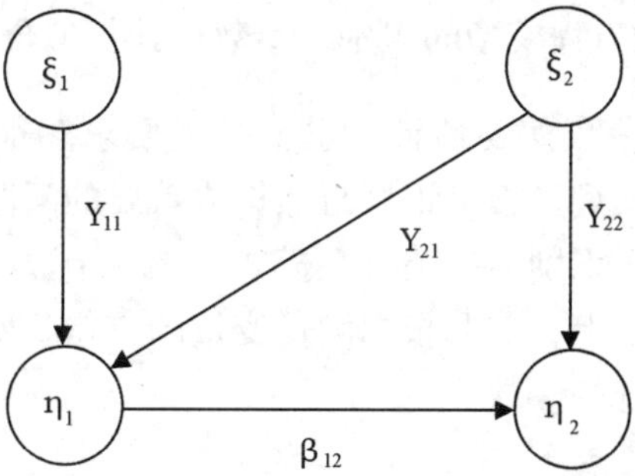

图5.3　潜变量结构路径

上述路径图可用以下结构模型的向量方程表达：

$$\eta = B\eta + \Gamma\xi + \zeta$$

其中：

$$B = \begin{pmatrix} \beta_{11} & \beta_{12} & \cdots & \beta_{1t} \\ \beta_{21} & \beta_{22} & \cdots & \beta_{2t} \\ \vdots & \vdots & \cdots & \vdots \\ \beta_{t1} & \beta_{t2} & \cdots & \beta_{tt} \end{pmatrix}, \Gamma = \begin{pmatrix} \gamma_{11} & \gamma_{12} & \cdots & \gamma_{1s} \\ \gamma_{21} & \gamma_{22} & \cdots & \gamma_{2s} \\ \cdots & \cdots & \cdots & \cdots \\ \gamma_{t1} & \gamma_{t2} & \cdots & \gamma_{ts} \end{pmatrix},$$

$$\zeta = (\zeta_1, \zeta_2, \cdots, \zeta_t)'$$

B 为内生潜变量间的关系；

Γ 为外生潜变量对内生潜变量的影响；

ζ 为结构方程的残差项。

（三）结构方程模型

结合测量模型和结构模型可建立一般情形下的结构方程模型：

$$\eta = B\eta + \Gamma\xi + \zeta$$
$$x = \Lambda_x\xi + \delta$$
$$y = \Lambda_y\eta + \varepsilon$$

设 $(I - B)^{-1} = \Pi$，上述结构方程模型可改写为：

$$y = \Lambda_y\Pi\Gamma\xi + \Lambda_y\Pi\zeta + \varepsilon$$
$$x = \Lambda_x\xi + \delta$$

通过一些代数运算，可以求得基于模型的协差阵为：

$$\begin{pmatrix} \Lambda_y\Pi(\Gamma\Phi\Gamma' + \Psi)\Pi'\Lambda_y' + \Theta_\varepsilon & \Lambda_y\Pi\Gamma\Phi\Lambda_x' + \Theta_{\varepsilon\delta} \\ \Lambda_x\Phi\Gamma'\Pi'\Lambda_y' + \Pi_{\varepsilon\delta} & \Lambda_x\Phi\Lambda_x' + \Theta_\delta \end{pmatrix}$$

四 结构方程模型的识别、参数估计与拟合优度检验

SEM 中有很多参数需要估计，也就是需要求解很多线性方程组，方程组是否有解，即模型是否可识别自然构成首要的问题，方程有解则表示模型可被识别。模式识别需要建立在模式的参数个数不多于观察的方差和协方差数目的基础之上，需要根据测量变量的方差和协方差矩阵等信息估计线性方程各个系统的参数。

（一）SEM 参数估计

SEM 参数估计的基本思想是：求参数使得上述协方差矩阵与由观测样本计算得到的样本协方差矩阵"距离"最小。模型的拟合方法及相应的参数估计根据对"距离"定义方法的不同而产生差异。常用 SEM 参数估计方法有：最大似然法（Maximum Likelihood，ML）、一般加权最小二乘法（Generally Weighted Least Squares，WLS）、无加权最小二乘法（Unweighted Least Squares，ULS）、对角加权最小二乘法（Diagonally Weighted Least Squares，DWLS）、广义最小二乘法（Generalized Least Squares，GLS）、两阶段最小二乘法（TSLS，two-stage least squares）等。其中最常用的是极大似然函数法（MLE），在大样本条件下即使观测指标不为正态分布该方法也能得到稳健的估计。

本书采用极大似然函数法估计结构方程的路径系数。

（二）SEM 模型拟合优度检验

SEM 模型的拟合优度检验也可以理解为是对模型的评价，对于建立在一定理论基础上的结构方程模型假设的检验是必要的，也就是说要评价假设理论模型与收集的数据是否适配。尽管适配度或拟合优度是否完全符合评价标准仅仅体现假设理论模型与收集的数据的符合现况，不能绝对说明模型是有用的模型，但这种验证理论模型对于数据的适切性或有较高的契合度还是必要的。

学者 Bogozzi 和 Yi 关于结构方程假设理论模型的拟合优度检验的论点较为全面，他们主张从基本适配指标（preliminary fit criteria）、模型外在适配指标（overall model fit）、模型内在结构适配指标（fit of internal structural model）三个方面来检验模型的拟合优度。

1. 基本适配指标

Bogozzi 和 Yi 提出基本适配指标主要有：误差方差不能是负值；所有误差变异必须达到 1.96 的显著性水平（本书不适用这种要求）；测量指标不能高度相关，即相关的绝对值不能太接近 1；潜变量与显变量的路径

系数最好介于 0.5—0.95 之间；不能有很大的标准误。

2. 模型外在适配指标

在理论假设模型满足基本适配指标的基础上，可以进行模型外在质量的评价。表 5.1 是对 SEM 模型外在质量拟合优度检验的一般性建议[①]。

表 5.1　　　　　　　　　　拟合优度检验的一般性建议

拟合测量（统计量）	拟合优度好	拟合优度可接受
χ^2	$0 \leqslant \chi^2 \leqslant 2df$	$2df < \chi^2 \leqslant 3df$
χ^2/df	$0 \leqslant \chi^2/df \leqslant 2$	$2\chi^2/df \leqslant 3$
GFI	$.95 \leqslant \text{GFI} \leqslant 1.00$	$.90 < \text{GFI} \leqslant .95$
AGFI	$.90 \leqslant \text{AGFI} \leqslant 1.00$ Close to GFI	$.85 < \text{AGFI} \leqslant .90$ Close to GFI
ECVI	理论模型值小于独立模型值	
NFI	$.95 \leqslant \text{NFI} \leqslant 1.00$	$.90 < \text{NFI} \leqslant .95$
RFI	$.95 \leqslant \text{RFI} \leqslant 1.00$	$.90 < \text{RFI} \leqslant .95$
IFI	$.95 \leqslant \text{IFI} \leqslant 1.00$	$.90 < \text{IFI} \leqslant .95$
TFI	$.95 \leqslant \text{TFI} \leqslant 1.00$	$.90 < \text{TFI} \leqslant .95$
CFI	$.95 \leqslant \text{CFI} \leqslant 1.00$	$.90 < \text{CFI} \leqslant .95$
p - 值	$.05 < \text{p} \leqslant 1.00$	$.01 \leqslant \text{p} \leqslant .05$
RMSEA	$0 \leqslant \text{RMSEA} \leqslant .05$	$.05 < \text{RMSEA} \leqslant .08$
置信区间（CI）	Close to RMSEA. Left boundary of CI = .00	Close to RMSEA
SRMR	$0 \leqslant \text{SRMR} \leqslant .05$	$.05 < \text{SRMR} \leqslant .10$
AIC	$\leqslant$ saturated AIC Smaller than AIC for Comparison model	Smaller than AIC for Comparison model
CAIC	Smaller than CAIC for Comparison model	Smaller than CAIC for Comparison model

---

① 吴明隆：《结构方程模型：AMOS 的操作与应用》，重庆大学出版社 2010 年版。

续表

拟合测量（统计量）	拟合优度好	拟合优度可接受
ECVI	Smaller than ECVI for Comparison model	Smaller than ECVI for Comparison model

注：表中符号的含义如下：χ^2/df——卡方与自由度之比；GFI——良适性适配指标（goodness-of-fit index）；AGFI——调整后良适性适配指标（adjusted goodness-of-fit index）；ECVI——期望跨效度指数（expected cross-validtion index）；NFI——规准适配指数（normed fit index）；RFI——相对适配指数（relation fit index）；IFI——增值适配指数（incremental fit index）；TFI——非规准适配指数（tacker-lewis index）；CFI——比较适配指数（comparative fit index）；RMSEA——渐进残差均方和平方根（root mean square error of approximation）；AIC、CAIC、EC-VI——简约适配度指数。

在使用模型外在适配指标进行拟合优度检验的同时，还应注意 Rigdon 的研究成果[1]，即在使用客观世界的数据评价理论模型时，统计量 $\chi^2 \mid df$ 的意义并不十分重要。因为 χ^2 值受估计参数和样本数影响很大，自由度愈大，影响假设模型的变因也愈多，也就愈容易导致模型适配不佳。特别是样本量较大时，更容易导致 χ^2 值变大从而较易拒绝虚无假设。

同时还要明确，很多模型的拟合优度指数仅仅反映分析技术上的度量，不能作为理论上的证据。SEM 模型的检验应兼顾理论的合理性准则，以理论为主，避免追求完美适配的技术最佳化。

3. 模型内在结构适配指标

模型内在质量的检验包括测量模型和结构模型两方面的评价。首先进行测量模型评价，其内在质量的检验关注测量变量是否足以反映潜变量；之后进行结构模型评价，其内在质量的检验则关注理论模型所界定的因果关系是否成立。

测量模型的评价关注潜变量与测量变量之间的关系，描述潜在构念测量的效度（validity）和信度（reliability）。

效度描述测量变量对潜变量的测量程度，主要考虑下述两点：

第一，测量模型 $\chi = \xi\eta + \delta$ 中载荷系数 λ 是否达到显著。如果显著，则说明测量变量具有良好的测量效度；否则表示测量变量无法有效测量潜变量，也即无法反映所代表的潜变量。

第二，测量误差愈小愈好，但要显著不为 0。

信度则描述测量的一致性，主要考虑下述三点：

---

① 吴明隆：《结构方程模型：AMOS 的操作与应用》，重庆大学出版社 2010 年版。

一是 R^2 表示相关系数的平方，个别测量变量的 R^2 在 0.5 以上；

二是所有参数的估计值均是显著的；

三是结构模型的评价关注内外潜变量之间的路径关系，即相关数据是否支持理论模型设定的因果关系。

第二节 城市创新能力结构模型的建立

一 变量的选定和数据采集

本章旨在寻找创新要素投入水平和创新环境支撑水平对创新产出的影响程度。既然创新要素投入水平、创新环境支撑水平和创新产出水平是不可观测的，可将其设定为潜变量，分别用 INV、ENV 和 INN 表示，其中 INV 和 ENV 为外潜变量，INN 为内潜变量。

为量化描述这些潜变量，笔者用一组可观测的显变量来反映这些潜变量。显变量统计数据来自第二次全国科学研究与试验发展（R&D）资源清查主要数据公报、2015 年中国城市统计年鉴、2015 年中国火炬统计年鉴、各城市统计年鉴、2015 年各城市国民经济和社会发展统计公报等统计指标数据库。原始变量集涉及了创新要素投入水平、创新环境支撑水平和创新产出水平三个子系统共 32 个变量。

每个变量的观测值涉及中国 289 个地级以上城市。由于直辖市北京、上海、天津和重庆的观测值与广州、深圳等城市相比差距并不大，故保留北京、上海、天津和重庆 4 个城市。

由于各省市在国民经济和社会发展统计公报等数据来源的发布形式上尚不统一，这给少数变量的观测值的检索带来困难。其中，省级以上重点实验室和重点工程中心数、省级以上科技进步奖数两个变量的观测值缺失值较多，样本量只有 140—200 个，所查到的数据主要集中在沿海城市和副省级城市。由于这两个变量对于研究城市创新的重要性，从统计学允许的范畴，笔者对两个变量的观测值进行了缺失值的回归补充。

对于原始变量集中的 32 个变量，在前面通过聚类分析、非参数检验、Kano-Ihara 拟合优度分析和相关性分析等综合定量分析技术进行简化、有效性检验及结构方程模型的显著性检验，最终得到了由 24 个变量构成的创新型城市可观测的显变量体系，用来反映 3 个潜变量。

采用的 24 个显变量定义如表 5.2 所示。

表 5.2　　　　　　　　　　　　　创新城市显变量体系

显变量	显变量含义
X1	全社会研发经费投入（万元）
X2	全社会研发经费投入占 GDP 比重（%）
X3	规模以上工业企业研发经费支出（万元）
X4	年末金融机构存款余额和贷款余额（亿元）
X5	创业风险投资机构数（家）
X6	全市各类专业技术人员数（万人）
X7	每万人人才数（人）
X8	每万人国际互联网用户数（户）
Y1	国家级科技企业孵化器指数（家）
Y2	国家级高新技术企业数（家）
Y3	省级以上重点实验室和重点工程中心数（家）
Y4	每万人普通高校在校大学生数（人）
Y5	普通高校专任教师数（人）
Y6	政府属研究机构 R&D 人员全时当量（人年）
Y7	地方教育经费投入 GDP 比重（%）
Y8	地方财政科技经费投入占 GDP 比重（%）
Z1	年度授权专利数（件）
Z2	省级以上科技进步奖数（项）
Z3	高技术产业产值占工业总产值比重（%）
Z4	有效注册商标数（件）
Z5	人均 GDP（元/人）
Z6	服务业增加值占 GDP 比重（%）
Z7	规模以上工业劳动生产率（万元/人）
Z8	万元 GDP 综合能耗（吨标准煤/万元）

　　需要说明的是，这里所收集的数据代表的是总体，而不是来自总体的样本，这一点决定了建立结构方程的重点是模型的拟合优度，而模型参数的显著性检验对分析并无多大意义。

二　数据的预处理

考虑到量纲对数据处理的影响，在以下所做的统计描述和分析中，均将原变量的观测值做了标准化处理，处理得到的结果见表5.3、表5.4。

表5.3　　　　　　　　　　描述性统计量（1）

	N	极小值	极大值	均值
X1	289	462.000000000	12687952.800000000	435812.02853910025
X2	289	.003678719566	6.534358705759	1.12369337037901
X3	289	.0000000000	5883496.0000000000	318191.285813148600
X4	289	.1946	132991.1746	6421.892954
X5	289	0	195	6.39
X6	289	.62	195.75	21.1179
X7	289	201	5218	1111.06
X8	289	160.383328812946	11309.773123909252	1732.95743262048090
Y1	289	0	43	2.59
Y2	289	0	8237	175.48
Y3	289	0	295	27.44
Y4	289	.000000000000	1130.131790771918	169.02907119335492
Y5	289	0	67549	5305.14
Y6	289	0	97130	889.92
Y7	289	1.414869726535	225.925328746999	18.74357243050864
Y8	289	.015586109118	4.147349537232	.26965130508668
Z1	289	0	74661	3976.91
Z2	289	0	316	21.13
Z3	289	.000000000000	56.886938940566	6.80237218179114
Z4	289	611	692204	30102.29
Z5	289	10171	200152	49326.78
Z6	289	19.762277708159	77.948396757182	38.57708483095299
Z7	289	8.668337732502	1078.924359541411	118.50143951697872
Z8	289	.00000000000	3.51350973292	.8274149612910
有效的N（列表状态）	289			

表5.4 描述性统计量（2）

	N	标准差	方差	偏度	峰度		
	统计量	统计量	统计量	统计量	标准误	统计量	标准误
X1	289	1132282.413026002500	1.282E12	6.784	.143	59.494	.286
X2	289	1.011288768752263	1.023	1.720	.143	4.642	.286
X3	289	627525.6500221468000	3.938E11	4.741	.143	30.542	.286
X4	289	13369.9283419	1.788E8	6.113	.143	47.993	.286
X5	289	22.419	502.614	6.004	.143	41.601	.286
X6	289	26.30348	691.873	3.813	.143	17.765	.286
X7	289	631.147	398345.913	2.162	.143	7.869	.286
X8	289	1200.628628852179200	1441509.104	3.454	.143	18.316	.286
Y1	289	5.821	33.888	3.996	.143	18.892	.286
Y2	289	646.369	417792.285	8.932	.143	97.968	.286
Y3	289	38.595	1489.601	3.492	.143	15.070	.286
Y4	289	205.461077602591900	42214.254	2.494	.143	6.352	.286
Y5	289	10258.388	1.052E8	3.560	.143	13.549	.286
Y6	289	6067.964	36820188.275	14.342	.143	223.063	.286
Y7	289	13.842758757814952	191.622	12.424	.143	179.242	.286
Y8	289	.301149421715496	.091	8.119	.143	96.609	.286
Z1	289	8913.929	79458129.832	4.422	.144	23.874	.286
Z2	289	43.085	1856.288	4.185	.143	19.372	.286
Z3	289	8.603738984204522	74.024	2.621	.143	8.667	.286
Z4	289	71035.157	5.046E9	5.737	.143	41.057	.286
Z5	289	29252.351	8.557E8	1.679	.143	3.730	.286
Z6	289	8.977854058179854	80.602	1.111	.143	2.190	.286
Z7	289	70.956777526880050	5034.864	8.860	.143	116.765	.286
Z8	289	.50950807225620	.260	1.807	.143	5.323	.286
有效的N（列表状态）	289						

从数据的峰度和偏度可以看出，显变量的正态性不满足。

三　结构方程模型的设定

用结构方程模型检验因果路径，主要的依据是背后的理论依据。如果研究者无法提出一个具有说服力的理论基础，结构方程模型得到的结果只是一堆无意义的统计数据的累积。如果研究过程中研究者在没有理论依据的情况下随意调整变量的关系，那么结构模型只是统计技术的展示。相反的，如果研究者经过缜密的思考而提出一个结构模型，且经由统计方法支持该模型的有效性，那么就可能诞生一个具有学术价值的理论模型。

（一）测量模型设定

在上一章，通过聚类分析、非参数检验、Kano-Ihara 拟合优度分析和相关性分析等综合定量分析技术，已经确定了 24 个指标构成的城市创新能力可观测的显变量体系，由此构建了城市创新能力的测量模型，对应关系如表 5.5 所示。

表 5.5　　　　　　　　　潜变量与可测变量对应关系

潜变量	显变量	显变量含义
INV	X1	全社会研发经费投入（万元）
	X2	全社会研发经费投入占 GDP 比重（%）
	X3	规模以上工业企业研发经费支出（万元）
	X4	年末金融机构存款余额和贷款余额（亿元）
	X5	创业风险投资机构数（家）
	X6	全市各类专业技术人员数（万人）
	X7	每万人人才数（人）
	X8	每万人国际互联网用户数（户）
ENV	Y1	国家级科技企业孵化器指数（家）
	Y2	国家级高新技术企业数（家）
	Y3	省级以上重点实验室和重点工程中心数（家）
	Y4	每万人普通高校在校大学生数（人）
	Y5	普通高校专任教师数（人）
	Y6	政府属研究机构 R&D 人员全时当量（人年）
	Y7	地方教育经费投入占 GDP 比重（%）
	Y8	地方财政科技经费投入占 GDP 比重（%）

续表

潜变量	显变量	显变量含义
INN	Z1	年度授权专利数（件）
	Z2	省级以上科技进步奖数（项）
	Z3	高技术产业产值占工业总产值比重（%）
	Z4	有效注册商标数（件）
	Z5	人均 GDP（元/人）
	Z6	服务业增加值占 GDP 比重（%）
	Z7	规模以上工业劳动生产率（万元/人）
	Z8	万元 GDP 综合能耗（吨标准煤/万元）

　　表5.5 中，潜变量与可测变量的对应关系构成了城市创新系统的测量模型部分，见图5.4—图5.6。

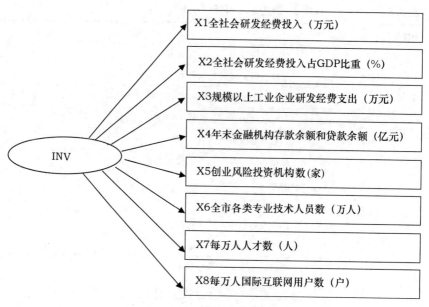

图5.4　潜变量 INV 的测量模型

（二）结构模型设定
对城市创新系统的结构方程模型的设定如下：
H1：创新要素投入水平和创新环境支撑水平具有关联度；

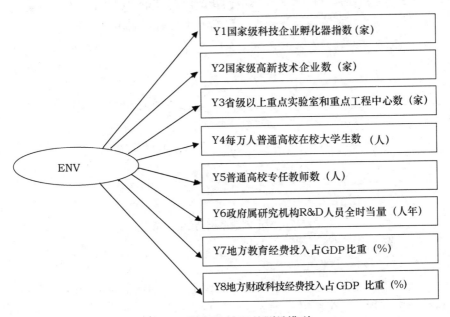

图 5.5 潜变量 ENV 的测量模型

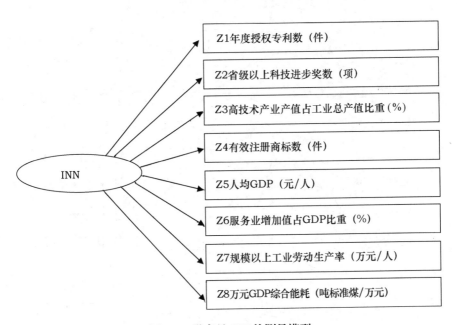

图 5.6 潜变量 INN 的测量模型

H2：创新要素投入水平对城市创新产出具有正向影响；

H3：创新环境支撑水平对城市创新产出具有正向影响。

具体模型如图5.7所示。

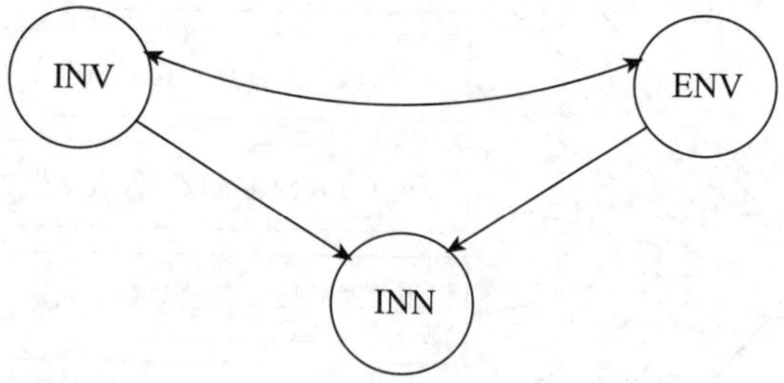

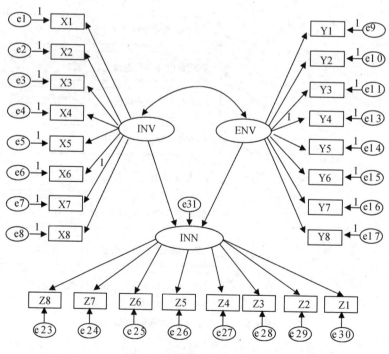

图5.7 城市创新系统初始结构模型

（三）结构方程模型设定

通过对上述测量模型和结构模型的设定，可给出城市创新能力研究的初始结构方程模型全图（见图5.8）。

图5.8 初始结构方程模型

图 5.8 中，椭圆中的变量为潜变量，方框中的变量为显变量，单向箭头表示因果关系，双向箭头表示相关关系。INV、ENV 表示外生潜在变量，INN 表示内生潜变量。

潜变量间的结构方程式：

$$INN = (\beta_1, \beta_2)\begin{pmatrix} INV \\ ENV \end{pmatrix} + v$$

各观测变量的测量方程式为：

$$X = \Lambda_x \xi + \delta$$
$$Y = \Lambda_y INN + \varepsilon$$

其中，X =（Y1，Y2，Y3，Y4，Y5，Y6，Y7，Y8，X1，X2，X3，X4，X5，X6，X7，X8），Y =（Z1，Z2，Z3，Z4，Z5，Z6，Z7，Z8）。

待估计参数为：

$$\Lambda_y = (\lambda_{17}, \lambda_{18}, \lambda_{19}, \lambda_{20}, \lambda_{21}, \lambda_{22}, \lambda_{23}, \lambda_{24})'$$
$$\delta = (\delta_1, \delta_2, \delta_3, \delta_4, \delta_5, \delta_6, \delta_7, \delta_8, \delta_9, \delta_{10}, \delta_{11}, \delta_{12}, \delta_{13}, \delta_{14}, \delta_{15}, \delta_{16})'$$
$$\varepsilon = (\varepsilon_{17}, \varepsilon_{18}, \varepsilon_{19}, \varepsilon_{20}, \varepsilon_{21}, \varepsilon_{22}, \varepsilon_{23}, \varepsilon_{24})'$$

其中，$\delta_i, i = 1, 2, \cdots, 16$；$\varepsilon_j, j = 1, 2, \cdots, 8$ 为显变量的标准误。

初始结构方程因果关系的路径如图 5.9 所示。

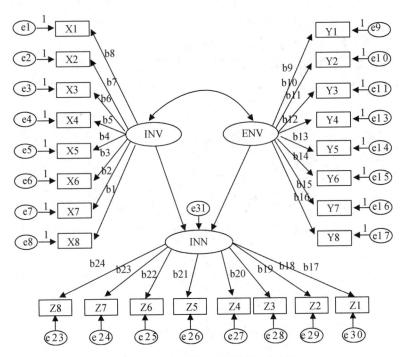

图 5.9　初始结构方程因果关系路径

第三节　城市创新能力结构模型的拟合

SEM 模型的拟合过程包括参数估计的计算、拟合判断、模型修正、重新参数估计的反复过程。完整的结构方程模型包括测量模型与结构模型两部分，如果一开始就将测量模型与结构模型放在一起考虑，在模型修正环节将会很麻烦。在模型的参数估计的计算、拟合判断、模型修正、重新参数估计的反复过程中，往往会因为各种参数过于繁复，而令人不知所措。对于复杂的模型，一般从测量模型入手，分别拟合每一个潜变量。在每一个潜变量都达到较理想的拟合程度后，再考虑结构模型，对整体模型进行拟合。

为此，笔者先对每个潜变量对应的测量模型进行拟合，然后再逐步拟合局部结构方程和结构方程全模型。AMOS 21.0 软件可用于结构方程模型的参数估计和效果检验，其直接对标准化后的原始数据进行操作，提供非标准化和标准化的估计结果。本章就利用 AMOS 21.0 提供的图形界面来画出因果关系路径图，并完成创新能力结构模型的拟合和修正过程。

一　对测量方程中各潜变量的拟合

（一）潜变量 INV 测量模型的拟合

1. 潜变量 INV 测量初始理论模型的参数估计

潜变量 INV 测量初始理论模型如图 5.10 所示。

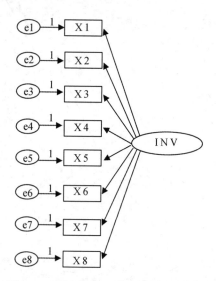

图 5.10　潜变量 INV 测量初始理论模型

该初始测量模型假定了所有误差项之间相互独立，8 个测量指标误差项之间均没有相关关系。AMOS 21.0 的计算结果表明，该初始模型是可识别的，参数估计如图 5.11 所示。

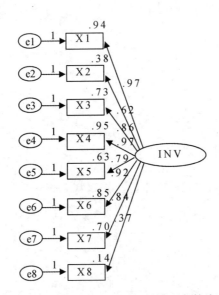

图 5.11 潜变量 INV 测量初始模型参数估计

相应的部分拟合优度检验见表 5.6。

表 5.6 拟合优度检验

Comparative Fit		Other Fit	
NFI	0.776	GFI	0.812
RFI	0.792	CFI	0.807
IFI	0.801	RMSEA	0.109
TLI	0.803	χ^2/df	4.873

从图 5.11 可看出，潜变量 INV 测量初始理论模型不仅是可识别的，而且 8 个测量指标的路径系数（λ）分别为 0.97、0.62、0.86、0.97、0.79、0.92、0.84、0.37，满足了基本适配指标。

但从表 5.5 可见，所有模型外在适配指标并不符合建模的要求，如 RMSEA $=0.109 > 0.08$，$\chi^2/df = 4.873 > 3$，这表示潜变量 INV 测量初始理论模型与观察数据无法有效契合，也意味着该测量模型收敛效度不佳。因此，拒绝模型的虚无假设，模型有待修正。

2. 潜变量 INV 测量模型的修正

改变 8 个测量指标误差项之间均没有相关关系的假设，根据 AMOS 21.0 指标修正值的提示对初始模型进行了修正并完成参数估计（见图 5.12）。

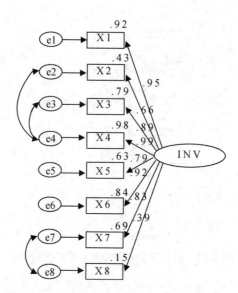

图 5.12　潜变量 INV 修正测量模型参数估计

相应的拟合优度检验见表 5.7。

表 5.7		拟合优度检验	
Comparative Fit		Other Fit	
NFI	0.931	GFI	0.934
RFI	0.935	CFI	0.933
IFI	0.927	RMSEA	0.069
TLI	0.929	χ^2/df	2.289

从图 5.12 和表 5.7 可看出，潜变量 INV 修正测量模型不仅满足基本适配指标，而且所有模型外在适配指标也符合要求，如 NFI = 0.931 > 0.9，χ^2/df = 2.289 < 3。因此，接受模型的虚无假设，表示该修正模型与观察数据可以有效契合，INV 单一构面的收敛效度佳，符合建模的要求。

此时 P = 0.069 < 0.08 进一步说明了良好的拟合优度。

本书把图 5.12 所示的修正模型标记成模型 A。

3. 潜变量 INV 测量模型 A 的回归方程

潜变量 INV 测量模型 A 的回归方程 $x = \Lambda_x \xi + \delta$ 具体表示为：

（X1，X2，X3，X4，X5，X6，X7，X8）＝（0.96，0.66，0.89，0.99，0.79，0.92，0.83，0.39）INV ＋（0.92，0.43，0.79，0.98，0.63，0.84，0.69，0.15）

（二）潜变量 ENV 测量模型的拟合

类似于潜变量 INV 测量模型 A 的拟合修正过程，可获得潜变量 ENV 的测量模型 B。其初始化理论模型如图 5.13 所示。

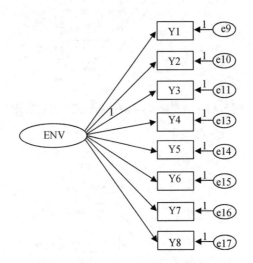

图 5.13 潜变量 ENV 测量初始理论模型

相应的拟合优度检验见表 5.8。

表 5.8 初始模型拟合优度检验

Comparative Fit		Other Fit	
NFI	0.805	GFI	0.821
RFI	0.791	CFI	0.825
IFI	0.831	RMSEA	0.117
TLI	0.829	χ^2/df	4.132

显然，初始模型的各指标不符合建模的要求（见图 5.14）。经修正，得到新的模型 B（见图 5.15）。

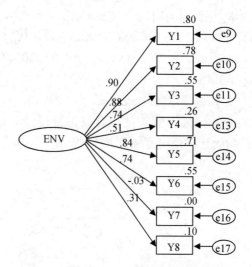

图 5.14 潜变量 ENV 测量初始模型参数估计

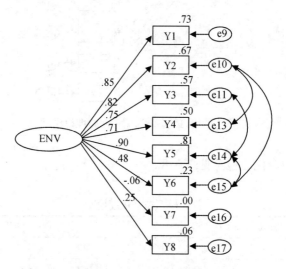

图 5.15 潜变量 ENV 修正测量模型 B 参数估计

表 5.9 显示模型 B 符合建模的要求。

表 5.9		测量模型 B 拟合优度检验	
Comparative Fit		Other Fit	
NFI	0.913	GFI	0.917
RFI	0.916	CFI	0.916
IFI	0.908	RMSEA	0.072
TLI	0.912	χ^2/df	2.901

潜变量 ENV 测量模型 B 的回归方程 $x = \Lambda_x \xi + \delta$ 具体表示为：

（Y1，Y2，Y3，Y4，Y5，Y6，Y7，Y8）＝（0.85，0.82，0.75，0.71，0.90，0.48，－0.06，0.25）ENV ＋（0.73，0.67，0.57，0.50，0.81，0.23，0.00，0.06）

（三）内潜变量 INN 测量模型的拟合

类似于潜变量 INV 测量模型 A 的拟合修正过程，可获得潜变量 INN 测量模型 C，见图 5.16、图 5.17。

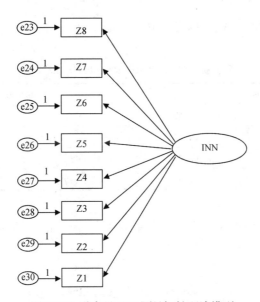

图 5.16 潜变量 INN 测量初始理论模型

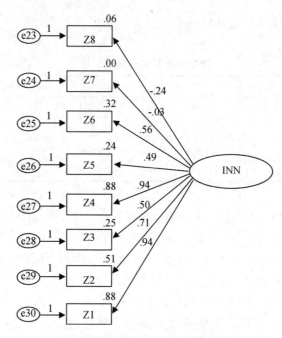

图 5.17　潜变量 INN 测量初始模型参数估计

相应的拟合优度检验见表 5.10。

表 5.10　　　　　　　潜变量 INN 初始测量模型拟合优度检验

Comparative Fit		Other Fit	
NFI	0.855	GFI	0.857
RFI	0.831	CFI	0.859
IFI	0.849	RMSEA	0.112
TLI	0.834	χ^2/df	6.098

显然，各指标不符合建模的要求。经修正，得到新的模型 C（见表 5.11、图 5.18）。

表 5.11　　　　　　　　测量模型 C 拟合优度检验

Comparative Fit		Other Fit	
NFI	0.951	GFI	0.938
RFI	0.959	CFI	0.941

续表

Comparative Fit		Other Fit	
IFI	0.947	RMSEA	0.068
TLI	0.953	$\chi^2/df = 3.55$	2.776

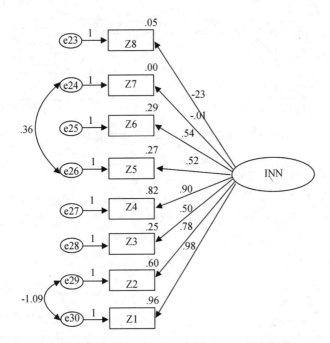

图5.18 潜变量 INN 修正测量模型 C 参数估计

潜变量 ENV 测量模型 C 的回归方程 $y = \Lambda_y \eta + \delta$ 具体表示为：

（Z1，Z2，Z3，Z4，Z5，Z6，Z7，Z8）＝（0.98，0.78，0.50，0.90，0.52，0.54，−0.01，−0.23）INN ＋（0.96，0.60，0.25，0.82，0.27，0.29，0.00，0.05）

二 对结构方程局部模型的拟合

（一）创新要素投入水平和创新环境支撑水平的关联度

基于结构方程模型全图，两个外潜变量创新要素投入水平和创新环境支撑水平的设定具有一定的关联度。

由于创新要素投入水平 INV 和创新环境支撑水平 ENV 两个外潜变量同时作为影响城市创新产出的自变量潜在构念，所以需要先进行测量模型的区别效度检验，以便明确创新要素投入水平 INV 和创新环境支撑水平

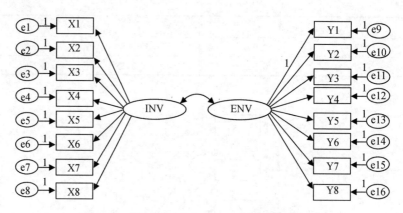

图5.19　潜变量 INV 与 ENV 结构初始理论模型

ENV 两个构念具有显著差异。

为此，令 INV 与 ENV 之间的相关系数为 C，分别进行有无参数限制条件 "C=1" 下的参数估计，经计算，两个模型均可识别辨识，参数估计结果如图5.19、图5.20 所示。

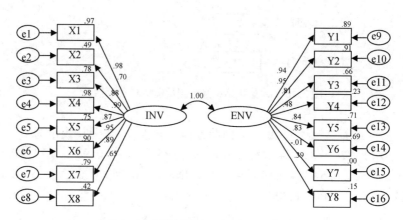

图5.20　有限制条件 "C=1" 参数估计

AMOS 嵌套模型比较摘要显示（见表5.12）：两个模型自由度差异为1，卡方差异值为100，卡方差异值显著性检验概率值 $P = 0.00 < 0.05$，达到 0.05 显著性水平，表示有无参数限制条件 "C=1" 的两个模型有显著不同，也即创新要素投入水平 INV 和创新环境支撑水平 ENV 两个构念的区别效度较好。

表5.12 **Nested Model Comparisons**

Assuming model Default model to be correct

Model	DF	CMIN	P	NFI Delta－1	IFI Delta－2	RFI rho－1	TLI rho2
Model Number 2	3	210.113	.000000	.038	.041	.039	.043

与潜变量 INV 和 ENV 结构初始理论模型图相对照，对应无限制条件"C＝1"模型的参数估计如图 5.21 所示，其拟合优度检验见表 5.13。

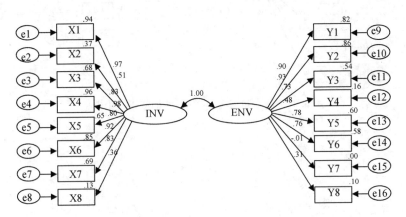

图 5.21 无限制条件 "C＝1" 参数估计

表5.13 潜变量 INV 与 ENV 结构初始理论模型拟合优度检验

Comparative Fit		Other Fit	
NFI	0.764	GFI	0.775
RFI	0.761	CFI	0.782
IFI	0.778	RMSEA	0.107
TLI	0.782	χ^2/df	8.541

通过观察外在适配指标并不符合建模的要求，因此，拒绝模型的虚无假设，模型有待修正。第一步修正可利用前面获得的模型 A 和模型 B 得到图 5.22 模型。其参数估计如图 5.23 所示。

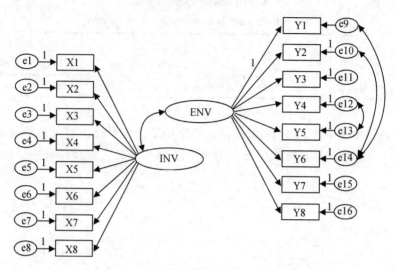

图5.22　潜变量 INV 与 ENV 结构修正理论模型

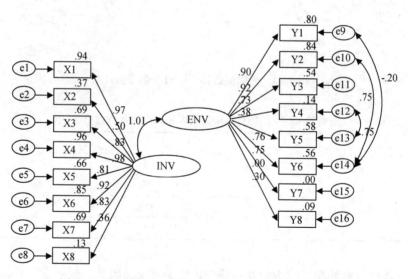

图5.23　潜变量 INV 与 ENV 结构修正理论模型参数估计

相应的拟合优度检验见表5.14。

表 5. 14　　　　　　潜变量 INV 与 ENV 修正结构模型拟合优度检验

Comparative Fit		Other Fit	
NFI	0. 871	GFI	0. 881
RFI	0. 882	CFI	0. 887
IFI	0. 878	RMSEA	0. 097
TLI	0. 873	χ^2/df	3. 731

　　尽管基本适配指标和外在适配指标接近符合建模的要求，毕竟还存在一定的差距，同时模型简约性也较差。因此，笔者还是拒绝模型的虚无假设，根据 AMOS 21. 0 指标修正值的提示对模型进行第二步修正，获得模型 D，如图 5. 24 所示。

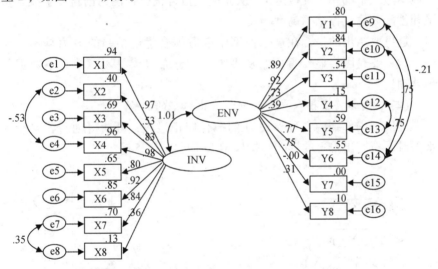

图 5. 24　潜变量 INV 与 ENV 结构模型 D 参数估计

　　相应的拟合优度检验见表 5. 15。

表 5. 15　　　　　　潜变量 INV 与 ENV 结构模型 D 拟合优度检验

Comparative Fit		Other Fit	
NFI	0. 923	GFI	0. 931
RFI	0. 927	CFI	0. 929
IFI	0. 918	RMSEA	0. 077
TLI	0. 921	χ^2/df	2. 978

拟合的测量方程为：

$$X = \Lambda_x \xi + \delta$$

$$X = (X1, X2, X3, X4, X5, X6, X7, X8, Y1, Y2, Y3, Y4, Y5, Y6, Y7, Y8)',$$
$$\xi = (INV \quad ENV)'$$

$$\Lambda_x = \begin{pmatrix} 0.97 & 0.63 & 0.83 & 0.98 & 0.80 & 0.92 & 0.84 & 0.36 & 0 & 0 & 0 & 0 & 0 & 0 & 0 & 0 \\ 0 & 0 & 0 & 0 & 0 & 0 & 0 & 0 & 0.89 & 0.92 & 0.73 & 0.39 & 0.77 & 0.75 & 0.00 & 0.31 \end{pmatrix}'$$

Λ_x 描述了外潜变量的显变量与外潜变量之间的关系，其中的元素为外潜变量对相应显变量的影响程度，称为因子荷载。即 Λ_x 是外潜变量的显变量在外潜变量上的因子负荷矩阵。

上述关于模型 D 的拟合优度检验表显示，创新要素投入水平和创新环境支撑水平的相关性接近1，从而模型拟合很好，说明创新要素投入水平和创新环境支撑水平高度相关。

这里要指出的是，在这个模型中卡方拟合优度检验的 P 值是不可靠的，这主要是因为显变量不服从多维正态分布（参见本章第二节数据的预处理）。

（二）创新要素投入水平对创新产出水平的影响

类似于局部结构方程模型 D 的拟合修正过程，可获得创新要素投入水平对创新产出水平的影响结构模型 E（见图5.25）。

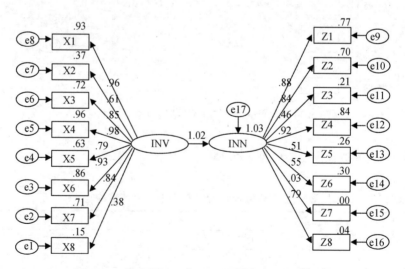

图5.25　潜变量 INV 与 INN 结构模型 E 参数估计

相应的拟合优度检验见表 5.16。

表 5.16　　　　　潜变量 INV 与 INN 结构模型 E 拟合优度检验

Comparative Fit		Other Fit	
NFI	0.896	GFI	0.805
RFI	0.801	CFI	0.804
IFI	0.812	RMSEA	0.103
TLI	0.809	χ^2/df	3.902

因为模型 E 是由两个测量模型构成的一个结构模型，表达了两个内外潜变量之间的一种因果关系，因此模型 E 也可表述为如下简约形式：

$$INN = 1.02INV$$

其中 INV 的系数 1.02 表达了潜变量之间的影响程度，1.02 可以理解为不考虑 ENV 的情况下，创新投入分值每增加一个单位，创新产出的分值将增加 1.02 个单位，也就是说，INV、INN 两个变量间是正相关的。在模型 E 中，正的系数显示外生潜变量 INV 对内生变量（INN）的正影响。

（三）创新环境支撑水平对创新产出水平的影响

类似于局部结构方程模型 D 的拟合修正过程，可获得创新要素投入水平对创新产出水平的影响结构模型 F（见图 5.26）。

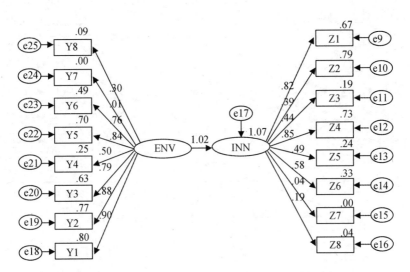

图 5.26　潜变量 ENV 与 INN 结构模型 F 参数估计

相应的拟合优度检验见表 5.17。

表 5.17　　　　　潜变量 ENV 与 INN 结构模型 F 拟合优度检验

Comparative Fit		Other Fit	
NFI	0.856	GFI	0.871
RFI	0.871	CFI	0.868
IFI	0.863	RMSEA	0.091
TLI	0.859	χ^2/df	3.421

类似于模型 E，模型 F 是由两个测量模型构成的一个结构模型，表达了两个内外潜变量之间的一种因果关系，因此模型 E 也可表述为如下简约形式：

$$INN = 1.03ENV$$

其中 ENV 的系数 1.03 表达了潜变量之间的影响程度，1.03 可以理解为不考虑 INV 的情况下，创新环境分值每增加一个单位，创新产出的分值将增加 1.03 个单位，也就是说，ENV、INN 两个变量间是正相关的。在模型 F 中，正的系数显示外生潜变量 ENV 对内生变量 INN 的正影响。

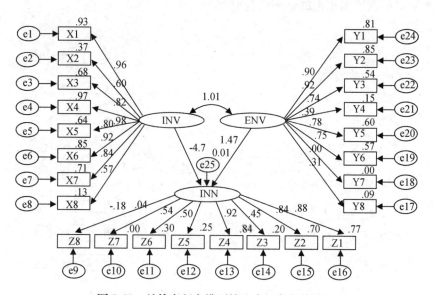

图 5.27　结构方程全模型第一次拟合参数估计

三　对结构方程全模型的拟合

在完成对测量模型各潜变量的拟合后，可以着手对结构模型进行拟合。基于结构方程模型全图，在上述逐步拟合过程中所获得的模型 D、E、F 基础上，经过第一次拟合后（见图 5.27），发现拟合情况基本满意，但仍具备进一步修正的空间。

这里再次强调，每一次修正都要符合实际意义，具有理论依据。图 5.27 中，所添加的 Y1 与 Y2、Y3 与 Y4 之间的相关设定仅仅是对测量模型部分的修正，并在模型 D 中有所体现。至此，得到最终的模型 G（见图 5.28），相应的拟合优度检验见表 5.18。

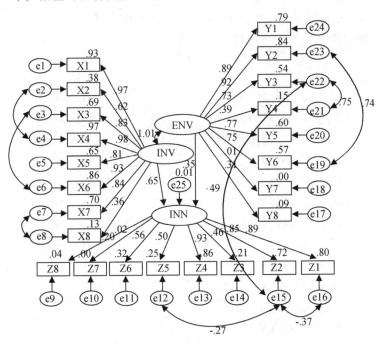

图 5.28　城市创新系统结构方程全模型 G 参数估计

表 5.18　　　　　　　　结构方程全模型 G 拟合优度检验

Comparative Fit		Other Fit	
NFI	0.907	GFI	0.909
RFI	0.903	CFI	0.916
IFI	0.912	RMSEA	0.079
TLI	0.911	χ^2/df = 3.55	3.162

表 5.18 显示，模型 G 的拟合优度符合要求，符合建模的要求。

$$INN = 0.65INV + 0.35ENV + 0.01$$

测量方程 $X = \Lambda_x \xi + \delta$，$Y = \Lambda_y INN + \varepsilon$ 中的载荷系数矩阵为：

$$\Lambda_x = \begin{pmatrix} 0.97 & 0.62 & 0.83 & 0.98 & 0.81 & 0.93 & 0.84 & 0.36 & 0 & 0 & 0 & 0 & 0 & 0 & 0 & 0 \\ 0 & 0 & 0 & 0 & 0 & 0 & 0 & 0 & 0.89 & 0.92 & 0.73 & 0.39 & 0.77 & 0.75 & 0.01 & 0.31 \end{pmatrix}'$$

$$\Lambda_y = (0.89, 0.85, 0.46, 0.93, 0.50, 0.56, 0.02, 0.20)'$$

载荷系数估计标准误分别为：

$$\delta = (0.93, 0.38, 0.69, 0.97, 0.65, 0.86, 0.70, 0.13, 0.79, 0.84, 0.54, 0.15, 0.60, 0.57, 0.00, 0.09)'$$

$$\varepsilon = (0.80, 0.72, 0.21, 0.86, 0.25, 0.32, 0.00, 0.04)'$$

上述结构方程模型也可直观表达成：

$$\begin{cases} X1 = 0.97INV + 0.93 \\ X2 = 0.62INV + 0.38 \\ X3 = 0.83INV + 0.69 \\ X4 = 0.98INV + 0.97 \\ X5 = 0.81INV + 0.65 \\ X6 = 0.93INV + 0.86 \\ X7 = 0.84INV + 0.70 \\ X8 = 0.36INV + 0.13 \end{cases} \qquad \begin{cases} Y1 = 0.89ENV + 0.79 \\ Y2 = 0.92ENV + 0.84 \\ Y3 = 0.73ENV + 0.54 \\ Y4 = 0.39ENV + 0.15 \\ Y5 = 0.77ENV + 0.60 \\ Y6 = 0.75ENV + 0.57 \\ Y7 = 0.01ENV + 0.00 \\ Y8 = 0.31ENV + 0.09 \end{cases}$$

$$\begin{cases} Z1 = 0.89INN + 0.80 \\ Z2 = 0.85INN + 0.72 \\ Z3 = 0.46INN + 0.21 \\ Z4 = 0.93INN + 0.86 \\ Z5 = 0.50INN + 0.25 \\ Z6 = 0.56INN + 0.32 \\ Z7 = 0.02INN + 0.00 \\ Z8 = 0.20INN + 0.04 \end{cases}$$

四　对结构方程全模型结果的评价

首先，我们检验结构方程全模型 G 的基本适配指标（见表 5.19）。

模型 G 所有误差方差都不是负值;

从参数估计表 5. 20 中的 S. E 列可看出,其估计标准误介于 0. 075—0. 45 之间,未出现很大的标准误差。

其次,结构方程全模型 G 的外在适配指标如表 5. 19 所示,无论在绝对适配度指数还是在相对适配度指数和简约适配度指数方面,均达到了适配标准。这表示,模型 G 的外在质量佳,与数据实现有效契合,说明模型 G 是可以接受的。

表 5. 19　　　　　　　　　全模型 G 的外在适配指标摘要

统计量检验量	适配标准	检验结果数据	模型拟合适配判断
χ^2/df	$2 < \chi^2/df \leqslant 3$	2. 972	是
GFI	$.90 < \text{GFI} \leqslant .95$	0. 909	是
NFI	$.90 < \text{NFI} \leqslant .95$	0. 912	是
RFI	$.90 < \text{RFI} \leqslant .95$	0. 914	是
IFI	$.90 < \text{IFI} \leqslant .95$	0. 917	是
CFI	$.90 < \text{CFI} \leqslant .95$	0. 920	是
RMSEA	$.05 < \text{RMSEA} \leqslant .08$	0. 078	是
AIC	理论模型值小于独立模型值	2893 < 5708	是
CAIC	理论模型值小于独立模型值	3163 < 6109	是

最后,检查结构方程全模型 G 模型内在适配指标。

(1) 参数估计报表(表 5. 20)显示,除了三个参照指标值设为 1 不予估计,仅有 ENV、INN 的测量变量 Y7、Z7 的回归系数 P 值为 0. 880、0. 690,其余回归路径系数均达到显著水平。其估计标准误介于 0. 075—0. 45 之间,并显著不为 0,表示模型 G 的内在质量佳,同时说明除了 Y7、Z7 以外所有测量变量具有良好的测量效度。

表 5. 20　　**Regression Weights:(Group number 1 – Default model)**

	Estimate	S. E.	C. R.	P	Label
INN <- - -INV	1. 609	. 422	3. 818	***	par_ 31
INN <- - -ENV	. 350	. 137	2. 561	. 010	par_ 32
X8 <- - -INV	1. 000				
X7 <- - -INV	2. 322	. 333	6. 981	***	par_ 1

	Estimate	S. E.	C. R.	P	Label
X6 <‑ ‑ ‑ INV	2.573	.397	6.487	***	par_ 2
X5 <‑ ‑ ‑ INV	2.241	.355	6.315	***	par_ 3
X4 <‑ ‑ ‑ INV	2.738	.418	6.553	***	par_ 4
X3 <‑ ‑ ‑ INV	2.311	.364	6.356	***	par_ 5
X2 <‑ ‑ ‑ INV	1.715	.292	5.883	***	par_ 6
X1 <‑ ‑ ‑ INV	2.687	.411	6.534	***	par_ 7
Y1 <‑ ‑ ‑ ENV	1.000				
Y2 <‑ ‑ ‑ ENV	1.033	.041	25.320	***	par_ 8
Y3 <‑ ‑ ‑ ENV	.829	.051	16.116	***	par_ 9
Y4 <‑ ‑ ‑ ENV	.435	.061	7.120	***	par_ 10
Y5 <‑ ‑ ‑ ENV	.869	.050	17.542	***	par_ 11
Y6 <‑ ‑ ‑ ENV	.847	.050	16.786	***	par_ 12
Y7 <‑ ‑ ‑ ENV	.010	.066	.151	.880	par_ 13
Y8 <‑ ‑ ‑ ENV	.346	.063	5.455	***	par_ 14
Z1 <‑ ‑ ‑ INN	1.000				
Z2 <‑ ‑ ‑ INN	.939	.052	18.082	***	par_ 15
Z3 <‑ ‑ ‑ INN	.512	.060	8.507	***	par_ 16
Z4 <‑ ‑ ‑ INN	1.041	.040	26.275	***	par_ 17
Z5 <‑ ‑ ‑ INN	.555	.059	9.346	***	par_ 18
Z6 <‑ ‑ ‑ INN	.628	.058	10.831	***	par_ 19
Z7 <‑ ‑ ‑ INN	.026	.066	.399	.690	par_ 20
Z8 <‑ ‑ ‑ INN	‑.221	.065	‑3.376	***	par_ 21

注：表格是路径系数的显著性检验，当 P 值小于 0.05 或为 *** ，都表示该条路径的影响显著。

（2）参数估计报表 5.21 显示，有 11 个测量变量的相关系数的 R^2 在 0.5 以上，表示潜变量的这些测量变量个别信度较好，8 个测量变量的个别信度一般，4 个测量变量的个别信度较差。

表 5. 21　　　　　　　**Standardized Regression Weights**

	Estimate
INN <- - -INV	.649
INN <- - -ENV	.348
ENV <- - -INV	1. 01
X8 <- - -INV	.363
X7 <- - -INV	.836
X6 <- - -INV	.925
X5 <- - -INV	.805
X4 <- - -INV	.984
X3 <- - -INV	.831
X2 <- - -INV	.618
X1 <- - -INV	.966
Y1 <- - -ENV	.888
Y2 <- - -ENV	.918
Y3 <- - -ENV	.734
Y4 <- - -ENV	.393
Y5 <- - -ENV	.772
Y6 <- - -ENV	.753
Y7 <- - -ENV	.009
Y8 <- - -ENV	.308
Z1 <- - -INN	.894
Z2 <- - -INN	.850
Z3 <- - -INN	.462
Z4 <- - -INN	.929
Z5 <- - -INN	.500
Z6 <- - -INN	.561
Z7 <- - -INN	.024
Z8 <- - -INN	-. 197

注：该表表示每条路径的路径系数，亦称为回归系数，路径系数越大表示影响越大，为正数表示有正向影响，负数即为负向影响。

（3）潜变量间的路径载荷系数分别为 0. 649、0. 348、1. 01，与理论模型的设定完全吻合。

（4）参数估计报表 5.20 显示，潜变量间的路径载荷系数具有显著意义。

至此，从基本适配指标和外在适配指标、内在适配指标三个方面对结构方程全模型进行了评价，虽然有些指标未完全达到适配临界值，这些不足有些是由于结构方程方法的技术局限造成的，有些则是由于研究目的超越了结构方程方法的功能范围造成的。但对于复杂的城市创新系统这一总体来说，模型 G 和数据的契合质量是较好也是完全可以接受的。

第四节　城市创新能力结构方程模型的分析

一　城市创新能力结构方程全模型结果分析

根据模型 G 路径图的计算结果，本章首先验证城市创新系统结构模型假设（见表 5.22）。

由表 5.22 可知，城市创新能力结构方程中创新要素投入水平与创新环境支撑水平存在正向显著关系，创新要素投入水平对城市创新产出具有正向影响，也即意味着创新要素投入水平的提高将增加城市创新产出；而创新环境支撑水平对城市创新产出也具有正向影响，意味着创新环境支撑水平提高对城市创新产出存在促进作用。从总体上看，模型 G 的拟合优度较为理想，INN 和 INV 之间的载荷系数为 0.65，意味着创新要素投入水平和创新环境支撑水平的相关性大于 0.5，说明创新要素投入水平和创新环境支撑水平呈高度的相关性。

表 5.22　　　　　　　　　　　**研究假设的验证**

研究假设	估计值	显著性	验证结果
H_1：创新要素投入水平和创新环境支撑水平具有关联度	1.01	显著	支持
H_2：创新要素投入水平对城市创新产出具有正向影响	0.65	显著	支持
H_3：创新环境支撑水平对城市创新产出具有正向影响	0.35	显著	支持

结构模型中 INV、ENV 的单向载荷系数为 0.65 和 0.35，可以理解为 INN 关于 INV、ENV 两个变量的边际效益分别为 0.65 和 0.35。即在 INV 不变的情况下，环境因子分值每增加一个单位，创新产出的分值将增加 0.35 个单位，在 ENV 不变的情况下，创新投入分值每增加一个单位，城

市创新产出的分值将增加 0.65 个单位。也就是说，INV、ENV 与 INN 是正相关的。

二　城市创新能力结构方程局部模型结果分析

X1、X4、X6 载荷系数分别为 0.966、0.984、0.925，相对于 INV 其他的观测指标载荷系数大许多，说明 X1、X4、X6 对 INV 的贡献比较大，可以理解为全社会研发经费投入（万元）（X1）、年末金融机构存款余额和贷款余额（亿元）（X4）、全市各类专业技术人员数（万人）（X6）对创新要素投入水平的影响比其他观测变量大。

同样，对于 ENN 的各测量指标，除了 Y7 载荷系数为 0.009 较小以外，其他测量指标对创新环境支撑水平的影响都是显著的。

Z1、Z2、Z4 和 INN 之间的载荷系数分别为 0.894、0.850、0.929，相对于 INN 其他的观测指标载荷系数大一些，说明 Z1、Z2、Z4 与 INN 的相关性比较大，可以理解为年度授权专利数（件）（Z1）、省级以上科技进步奖数（项）（Z2）、有效注册商标数（件）（Z4）对创新产出的影响比其他观测变量大一些。

值得注意的是，Z7 和 INN 之间的载荷系数仅为 0.024，相对于 INN 其他的观测指标载荷系数小很多，规模以上工业劳动生产率（万元/人）对 INN 的影响相对较小。

Z1 与 Z2 之间的相关系数为 0.35，说明年度授权专利数与省级以上科技进步奖数密切相关。同样，省级以上科技进步奖数与有效注册商标数，国家级高新技术企业数（家）与政府属研究机构 R&D 全时当量，每万人普通高校在校大学生数与普通高校专任教师数，有效注册商标数与国家级科技企业孵化器指数，全社会研发经费投入占 GDP 比重与年末金融机构存款余额和贷款余额，规模以上工业企业研究经费支出与全市各类技术人员数，每万人人才数与每万人国际互联网用户数都有着明显的相关性。

第五节　小结

本章采用结构方程模型，对由 24 个变量构成的创新型城市显变量和 3 个潜变量体系进行了建模分析，分析结果有力地支持了预设的想法。在对各潜变量的拟合过程中，分别得到了 INV、ENV 和 INN 的回归方程。在对创新要素投入水平和创新环境支撑水平的关联度分析中，得到创新要素投入水平和创新环境支撑水平高度相关的结论；在对创新环境对创新产出水平的影响分析中，得到的结论是创新环境分值每增加一个单位，创新产出的分值将增加 0. 35 个单位。

此外，对创新能力结构模型进行了分析，得到一些有用的信息：

（1）创新要素投入水平和创新环境支撑水平呈高度的正相关性；

（2）INV 对 INN 影响显著，INV、ENV 对 INN 都有显著的正向影响；

（3）全社会研发经费投入（X1）、年末金融机构存款余额和贷款余额（X4）、全市各类专业技术人员数（X6）对创新要素投入水平的影响比其他观测变量大；

（4）年度授权专利数（Z1）、省级以上科技进步奖数（Z2）、有效注册商标数（Z4）对创新产出的影响比其他观测变量大一些；

（5）国家级高新技术企业数（Y2）、普通高校专任教师数（Y5）、政府属研究机构 R&D 人员全时当量（Y6）对创新环境支撑水平的影响更大；

（6）年度授权专利数与省级以上科技进步奖数，省级以上科技进步奖数与有效注册商标数，国家级高新技术企业数与政府属研究机构 R&D 全时当量，每万人普通高校在校大学生数与普通高校专任教师数，有效注册商标数与国家级科技企业孵化器指数，全社会研发经费投入占 GDP 比重与年末金融机构存款余额和贷款余额，规模以上工业企业研究经费支出与全市各类技术人员数，每万人人才数与每万人国际互联网用户数都有着明显的相关性。

上述的结构方程模型分析，对我们研究创新型城市建设提供了方向和途径，尤其是对如何抓住影响城市创新能力的各主要指标，突出重点有针对性地加以改善，具有较强的指导意义。

第六章　基于数据包络分析的城市创新效率研究

第一节　数据包络分析概述

一　数据包络分析的演变

数据包络分析，英文名称为 Data Envelopment Analysis，简称 DEA。它是基于"相对效率评价"的理念发展而来的一种系统的效率评价方法，是运筹学发展的一个新领域。数据包络分析方法的基础思想自 1957 年被 Farrell 教授提出之后[①]，于 1978 年美国三位著名运筹学家 Charns、Cooper 和 E. Rhodes 将单投入—单产出决策单元的效率评价思想应用到多投入—多产出问题中，采用赋予不同投入和产出指标一定权重的方法构建相应的分式规划模型，并通过 Charns-Cooper（CC）变换将构建的分式规划模型转化为简单的线性规划模型，即固定规模效率下的多投入—多产出的效率评估模型（C^2R 模型）。[②] 1984 年又由 Banker、Charnes 和 Cooper 三位学者将其改良为规模效率可变情况下包含技术效率和规模效率的效率评价模型——BC^2 模型。[③] 1985 年 Charnes、Cooper 和 Morey 等学者随之提出对 DEA 数学模型的敏感性分析[④]，即通过逐渐减少投入、产出变量或者逐渐减少决策单元的个数，来重新计算效率值。

---

①　Farrell, M. J. , "The Measurement of Productive Efficiency", *Journal of the Royal Statistical Society*, *Series A*, *General*, Vol. 120, part 3, 1957, pp. 253 – 281.

②　Charnes, Cooper and Rhodes, "Measuring the Efficiency of Decision Making Units", *European Journal of Operational Research*, Vol. 12, No. 6, 1978, pp. 429 – 444.

③　Banker, Charnes and Cooper, "Some Models for Estimating Technical and Scale Inefficiencies in Data Envelopment Analysis", *Management Science*, Vol. 30, No. 9, 1984, pp. 1078 – 1092.

④　Charnes, Cooper, Morey and Rousseau, "Sensitivity and Stability Analysis in DEA", *Annals of Operations Research*, Vol. 2, 1985, pp. 139 – 156.

DEA 方法中各投入和各产出的权重是从最有利于被评价决策单元的角度来进行决定的，可充分考虑对于决策单元本身最优的投入—产出方案。它一方面可避开主观赋权方法中由主观因素造成的影响，另一方面又不需如参数估计方法一样找出变量之间的函数关系。因之，DEA 方法在效率评价方面具有其独特的优点，能够更加有效、充分地反映出效率评价对象的属性和特点。

二　数据包络分析的基本概念

（一）决策单元（DMU）

"投入"经过一系列决策结点或决策过程后可转化为"产出"，可以说是"决策"决定了"产出"，因此 DEA 方法的评价对象习惯上被称为"决策单元"（Decision Making Unit，DMU）。"决策单元"的基本特点是存在一组投入和一组产出，而且要求参与评价的所有决策单元同时具备相同的目标和任务、相同的外部环境、相同类型的投入和产出指标，即一组具有同质性的多投入—多产出的评价对象。对于投入（input）和产出（output），DEA 方法要求它们具有量纲无关性、投入消极性、产出积极性和可自由处置性等。可采用 DEA 方法评价的决策单元具有非常广泛的范围，可以是公共服务部门，如医院、科研机构和政府服务部门等，也可以是营利组织，如银行、企业或企业内部部门，甚至可将国家作为效率评价对象。在本书中，自然以城市作为创新效率评价比较的决策单元。

（二）投入产出向量

如果有 n 个决策单元（DMU），每个决策单元包含一个投入向量 X（设包含 m 个输入）和一个产出向量 Y（假设包含 s 个输出），相关符号表示如下：

$X_j = (x_{1j}, x_{2j}, \cdots, x_{mj})^T$ 为第 j 个决策单元的投入向量，x_{ij} 为第 j 个决策单元对第 i 种类型投入的投入总量，$x_{ij} \geqslant 0$；

$Y_j = (y_{1j}, y_{2j}, \cdots, y_{sj})^T$ 为第 j 个决策单元的产出向量，y_{rj} 为第 j 个决策单元对第 r 种类型产出的产出总量，$y_{ij} \geqslant 0$；

$A = (x_{ij})_{m \times n}$ 构成投入矩阵，$B = (y_{ij})_{s \times n}$ 构成产出矩阵，其中 $i = 1$, $2, \cdots, m$；$r = 1, 2, \cdots, s$；$j = 1, 2, \cdots, n$。

（三）投入产出权向量

当我们对决策单元（DMU）进行投入产出总体评价时，就需要给投入向量和产出向量分别赋予权向量。在现实生活中，价格就是一种形式的权向量，其经济意义是非常直观的。例如，原材料投入数量与其权向量价格的乘积等于总投入，产品数量与其权向量价格的乘积等于总产出。但在

DEA 分析中，权向量 V 和 U 也可以是抽象的。

$V = (v_1, v_2, \cdots, v_m)^T$ 为"投入权向量"，其中 v_i 表示对第 i 种投入的加权度量。

$U = (u_1, u_2, \cdots, u_s)^T$ 为"产出权向量"，其中 u_r 表示对第 r 种产出的加权度量。

（四）投入主导和产出主导

在投入产出总体评价时，既可以考虑在产出既定的条件下尽可能减少投入，也可以不改变投入数量的同时追求产出的增大。前者被称为投入主导型，后者被称为产出主导型。本书关于城市创新系统的研究，采用产出主导型。

（五）效率前沿面

DEA 方法首先是根据参考集确定最有效率的点，其效率评价指数为 1。最有效率的 DMU 点所连接而成的轨迹被称为效率前沿面，效率前沿面上的点体现了在既定产出之下投入最少或者在既定投入之下产出最大。

效率前沿面的界定一般有两种方式：一是规模效率不变，即随着投入的变化，产出按照固定比率变化；二是规模效率可变，即不同的投入，投入产出比率是变化的。规模效率可变时，有规模效率递增和规模效率递减两种情形。

判断 DMU 的有效性，本质上是判断它是否位于效率前沿面上。

（六）投入产出参考集

如果 $A = (x_{ij})_{m \times n}$，$B = (y_{ij})_{s \times n}$ 是 n 个决策单元的投入产出实际观察值，也就是实际产生了 n 个投入产出案例 $(X_j, Y_j)(j = 1, \cdots, n)$，称 $T = \{(X_j, Y_j) \mid (j = 1, \cdots, n)\}$ 为投入产出参考集。显然，投入产出参考集 T 是一个 $m \times s$ 维的集合，其中每一组投入产出实际观察值（投入产出组合）可用 $m \times s$ 维空间的一个点表示，简称 DMU 点。

（七）投入产出可能集

一般来说，投入产出可能集是在凸性、锥性、自由处置性和最小性的基础上，由投入产出参考集 T 唯一产生的如下区域：

$$T = \left\{ (X_j, Y_j) \mid X \geqslant \sum_{j=1}^{n} \lambda_j X_j, Y \leqslant \sum_{j=1}^{n} \lambda_j Y_j, \lambda_j \geqslant 0, j = 1, \cdots, n \right\}$$

三　数据包络分析的基本原理

（一）单投入单产出情形

在单投入单产出情形下很容易理解 DEA 的基本原理。

在图 6.1 中，9 个投入产出样本数据 (x_j, y_j), $j = 1,2,\cdots,9$ 构成点 C_1，$\cdots$,C_5，D，E，F，G。这就是此时我们面对的投入产出参考集。

用 $h_j = \dfrac{y_j}{kx_j}$ 表示参考集中每个点的效率评价指数，其中 k 为待定的投入产出变量权系数。

显然，在投入产出参考集中，点 F 的投入产出比最大，也即经过点 F 的直线 $y_0 = k_0 x_0$ 斜率 k_0 最大。确定 k_0 为投入产出变量权系数，使得最优投入产出效率点 F 的评价指数 $h_0 = \dfrac{y_0}{k_0 x_0} = \dfrac{k_0 x_0}{k_0 x_0} = 1$，其他点的效率评价指数 h_j 也被唯一确定并且 $h_j < 1$。

直线 OFB 就构成了规模效率不变情形下的效率前沿面。如果假设规模效率可变，E、F、G 处在左上方前沿突出位置，我们可以选择折线 EFG 构成效率前沿面，也可以选择经过 E、F、G 的曲线 EFG 作为效率前沿面。其他点被包络在效率前沿面的右下方，在图 6.1 中效率前沿面与 x 轴之间的包络区域就是投入产出可能集。

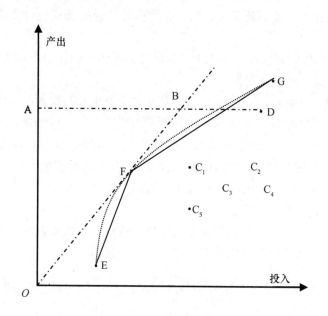

图 6.1　效率前沿面

换个角度来说，效率前沿面的确定主要明确了投入产出权向量。明确了效率前沿面之后，利用每一个 DMU 的实际观察值与效率前沿面的位置关系，实现所有决策单元的效率评价。

（二）多投入—多产出情形

对于多投入—多产出的问题，效率前沿面形成一个多维度的曲面，称其为包络面。类似于单投入单产出情形，这里用 h_j 表达效率评价指数：

$$h_j = \frac{U^T Y_j}{V^T X_j} = \frac{\sum\limits_{r=1}^{s} u_r y_{rj}}{\sum\limits_{i=1}^{m} v_i x_{ij}}, j = 1, 2, \cdots, n$$

总可以选择适当的权向量 V 和 U，使得所有 $h_j \leq 1 (j = 1, 2, \cdots, n)$，即限定最大的 h_j 为 1，以此为基准评价所有决策单元。

如果对 DMU_{j_0} 进行评价，判断 DMU_{j_0} 在所有决策单元中相对来说是不是最优的，我们可以考察在尽可能的范围内变化权向量 V 和 U，使得 h_{j_0} 达到最大值。

DEA 的基本原理是：基于投入产出数据 $A = (x_{ij})_{m \times n}$、$B = (y_{ij})_{s \times n}$，以投入和产出向量 $V = (v_1, v_2, \cdots, v_m)^T$、$U = (u_1, u_2, \cdots, u_s)^T$ 为决策变量，将最大化第 j_0 个决策单元的效率指数作为决策目标函数，即 $\max h_j$，将每个决策单元 DMU_j 的效率指数不超过 1 作为约束条件，即 $h_j \leq 1$，构成最优化数学模型（P）：

$$(P) \max h_{j_0} = \frac{\sum\limits_{r=1}^{s} u_r y_{rj_0}}{\sum\limits_{i=1}^{m} v_i x_{ij_0}}$$

$$s.t. \begin{cases} \dfrac{\sum\limits_{r=1}^{s} u_r y_{rj}}{\sum\limits_{i=1}^{m} v_i x_{ij}} \leq 1, j = 1, 2, \cdots, n \\ U \geq 0, V \geq 0 \end{cases}$$

利用线性规划的最优解 $\theta_{j_0} = \max h_{j_0}$ 来评价决策单元 j_0 的有效性。θ_{j_0} 越大表明决策单元 DMU_{j_0} 投入产出效率越高，即能够用相对较少的投入而取得相对较多的产出。

四　数据包络分析的模型建立

CRS 模型、VRS 模型是 DEA 理论中最基本的两个模型，分别刻画规模收益不变和规模收益可变情况下的投入产出效率。

（一）CRS 模型

对偶理论是线性规划的一个重要有效理论，通过建立对偶模型更容易从理论和经济意义上作深入分析。在规模效率不变（CRS）的基础上，上述规划 C^2R 模型 P 的对偶规划模型为 D_1：

$$(D_1) \min\theta$$

$$s.t. \begin{cases} \sum_{j=1}^{n} \lambda_j X_j \leqslant \theta X_{j_0} \\ \sum_{j=1}^{n} \lambda_j Y_j \geqslant Y_{j_0} \\ \lambda_j \geqslant 0, j = 1,2,\cdots,n \\ \theta \text{ 无约束} \end{cases}$$

为了便于进一步地讨论和求解，在模型中引入松弛变量 $s^+ = (s_1^+, s_2^+, \cdots, s_m^+)$ 和剩余变量 $s^- = (s_1^-, s_2^-, \cdots, s_s^-)$，此时模型中的不等式约束可转换成等式约束，从而，模型 D_1 可重新表述为 D_{C^2R}：

$$(D_{C^2R}) \min\theta$$

$$s.t. \begin{cases} \sum_{j=1}^{n} \lambda_j X_j + s^- = \theta X_{j_0} \\ \sum_{j=1}^{n} \lambda_j Y_j - s^+ = Y_{j_0} \\ \lambda_j \geqslant 0, j = 1,2,\cdots,n \\ \theta \text{ 无约束}, s^+ \geqslant 0, s^- \geqslant 0 \end{cases}$$

其中 $\theta, \lambda = (\lambda_1, \lambda_2, \cdots, \lambda_n)$ 为决策变量。θ 为 DMU_{j_0} 的有效值，即投入相对于产出的有效利用程度，λ_j 是相对于 DMU_{j_0} 重新构造一个有效 DMU 组合中第 j 个 DMU 组合比例。模型 D_1 的含义是：目标函数值 θ 表示在产出既定的条件下，投入向量 X_j 最大可收缩的程度。

（二）VRS 模型

如果决策者考虑规模收益可变（VRS）情况下的投入产出效率，只需在 CRS 模型 D_1 的基础上增加一个约束条件 $\sum_{j=1}^{n} \lambda_j = 1$，这就构成了 VRS 模型 D_2：

$$(D_2) \min\sigma$$

$$s.t. \begin{cases} \sum_{j=1}^{n} \lambda_j X_j \leqslant \sigma X_{j_0} \\ \sum_{j=1}^{n} \lambda_j Y_j \geqslant Y_{j_0} \\ \sum_{j=1}^{n} \lambda_j = 1 \\ \lambda_j \geqslant 0, j = 1, 2, \cdots, n \\ \sigma \text{ 无约束} \end{cases}$$

带有松弛变量 $s^+ = (s_1^+, s_2^+, \cdots, s_m^+)$ 和剩余变量 $s^- = (s_1^-, s_2^-, \cdots, s_s^-)$ 的模型可写成：

$$\min \sigma$$

$$s.t. \begin{cases} \sum_{j=1}^{n} \lambda_j X_j + s^- = \sigma X_{j_0} \\ \sum_{j=1}^{n} \lambda_j Y_j - s^+ = Y_{j_0} \\ \sum_{j=1}^{n} \lambda_j = 1 \\ \lambda_j \geqslant 0, j = 1, 2, \cdots, n, \sigma \text{ 无约束}, s^+ \geqslant 0, s^- \geqslant 0 \end{cases}$$

定义 1：如果 VRS 模型最优解为 $\sigma < 1$，则称决策单元 DMU_{j_0} 为 DEA 无效；如果 $\sigma = 1$，则称决策单元 DMU_{j_0} 为弱 DEA 有效；如果 $\sigma = 1$，$s^+ = 0, s^- = 0$，则称决策单元 DMU_{j_0} 为 DEA 有效。

定义 2：对于决策单元 DMU_{j_0}，称 $TE_{BCC} = \sigma$ 为技术效率，$TE_{CCR} = \theta$ 为综合效率，$SE = \theta/\sigma$ 为规模效率。

由定义 2 可看出，BC^2 模型中考虑了规模效率（SE）可变后，将 CRS 模型中的技术效率 TE_{CCR} 分解为了两部分：一部分是规模效率 SE，另一部分是剔除了规模效率以后的纯技术效率 TE_{BCC}。三者之间关系为 $TE_{CCR} = TE_{BCC} \cdot SE$。显然，当且仅当纯技术效率值 TE_{BCC} 和规模效率 SE 都有效时 TE_{CCR} 才有效（综合有效）。

（三）VRS 超效率模型

普通 DEA 模型的一个不足之处在于：计算结果可能存在有效单元较多的情况，且无法对所有有效单元做出进一步的评价。1993 年学者 Anersen 和 Petersen 针对这一不足构建了一类超效率评价模型，借助该模型可对 DEA 有效单元做出排序，以展开更深入的研究与分析。

超效率评价模型 D_3 的基本思想是：在对 DEA 有效的单元 DMU_{j_0} 进行效率评价时，将 DMU_{j_0} 排除在效率前沿面之外，重新构建不包括 DMU_{j_0} 的新效率前沿面。DMU_{j_0} 处在新效率前沿面的外面，通过在新效率前沿面的投影（其他所有决策单元投入和产出的线性组合替代）计算 DMU_{j_0} 的相对效率。也即计算出技术效率在超效率模型下的数值 δ（超效率），超效率值可超过 1。其 VRS 超效率模型为 D_3：

$$(D_3)\min\delta$$

$$s.t.\begin{cases} \sum_{j=1,j\neq j_0}^{n} \lambda_j X_j \leqslant \delta X_{j_0} \\ \sum_{j=1,j\neq j_0}^{n} \lambda_j Y_j \geqslant Y_{j_0} \\ \sum_{j=1,j\neq j_0}^{n} \lambda_j = 1, \lambda_j \geqslant 0, j = 1,2,\cdots,n \end{cases}$$

传统 VRS 超效率模型 D_3 考虑同比例变化的幅度，但是可能会出现无可行解的情况。Tone 于 2002 年又将模型 D_3 改进为基于松弛变量的（Slacks-Based Measure，SBM）VRS 超效率模型 D_{super}，总是具有可行解的。

$$(D_{super})\delta_{j_0}^* = Min\delta_{j_0} = \frac{\frac{1}{m}\sum_{i=1}^{m} \overline{x}_{ij_0}/x_{ij_0}}{\frac{1}{s}\sum_{r=1}^{s} \overline{y}_{rj_0}/y_{rj_0}}$$

$$s.t\begin{cases} \sum_{j=1,j\neq j_0}^{n} \lambda_j x_{ij} \leqslant \overline{x}_{ij_0}, i = 1,\dots,m \\ \sum_{j=1,j\neq j_0}^{n} \lambda_j y_{rj} \geqslant \overline{y}_{rj_0}, r = 1,\dots,s \\ \overline{x}_{ij_0} \geqslant x_{ij_0}, i = 1,\dots,m \\ \overline{y}_{rj_0} \leqslant y_{rj_0}, r = 1,\dots,s \\ \overline{y}_{rj_0} \geqslant 0, r = 1,\dots,s \\ \sum_{j=1,j\neq j_0}^{n} \lambda_j = 1 \\ \lambda_j \geqslant 0, j = 1,\dots,n, j \neq j_0 \end{cases}$$

SBM – VRS 超效率模型 D_{super} 与传统的 DEA 模型的不同之处是直接利用松弛变量计算 SBM 超效率值，并且只是从另一个角度反映有效 DMU 表现的突出程度。

超效率值 δ 表示在保持 DEA 技术有效的前提下投入可以等比例增大的倍数，当投入等比例增大的倍数超过 δ 时，该决策单元将变为 DEA 无效。

第二节 城市创新效率的数据包络分析研究

一 城市创新效率数据包络分析思路

第四章通过聚类分析、非参数检验、Kano-Ihara 拟合优度分析和相关性分析等综合定量分析技术，对原始变量集进行简化、有效性检验及结构方程模型的显著性检验，最终得到了由 24 个变量构成的城市创新能力可观测的指标体系。根据第二次全国科学研究与试验发展（R&D）资源清查主要数据公报、2015 年中国城市统计年鉴、2015 年中国火炬统计年鉴、各城市统计年鉴、2015 年各城市国民经济和社会发展统计公报等统计指标数据库获得 2014 年这些指标 287 个地级城市的观测值。在第五章中，已通过结构方程模型对这些城市的城市创新系统的创新要素投入、创新环境支撑和创新能力进行了实证研究，得出创新要素投入和创新环境支撑对城市创新能力具有正向作用。接下来，将进一步采用 DEA 方法具体研究创新要素投入和创新环境支撑对创新产出的这种正向作用反映在每个城市上的效率。

由于在城市创新能力差异悬殊，尤其是东西部对比差异显著，以及实际数据中有些指标缺失不符合 DEA 计算要求，因此在做 DEA 分析时，首先选择地区生产总值超过 2000 亿元以上的城市，从中将存在缺失数据的城市剔除，再将省会城市和副省级城市纳入进来［拉萨由于没有关于“年度授权专利数（件）”的统计，故也剔除在外］，共计 68 个城市。

基于前面各方面的研究结果，本章将沿用第五章的指标编号体系（见表 6.1），将创新投入的 8 个指标（X1—X8）和创新环境 8 个指标（Y1—Y8）作为 DEA 分析的投入指标，也即共计 16 个投入变量。将创新产出的 8 个指标（Z1—Z8）作为 DEA 分析的产出指标。由于产出指标 Z8 万元 GDP 综合能耗（吨标准煤/万元）属于一种非期望产出，不符合

DEA 有些模型的要求，所以需要对于 Z8 进行转换。很多学者将这种非期望产出列入投入指标范畴，这里采用取原数据的倒数进行转换，仍作为一种产出指标。由于 24 个城市创新指标许多是反映城市创新结构的相对数，故本章属于城市结构性创新能力的研究，而非总量创新能力的研究。

表6.1　　　　　　　　　　　　DEA 使用的指标及编号

指标分类	指标编号	指标名称
创新投入	X1	全社会研发经费投入（万元）
	X2	全社会研发经费投入占 GDP 比重（%）
	X3	规模以上工业企业研发经费支出（万元）
	X4	年末金融机构存款余额和贷款余额（亿元）
	X5	创业风险投资机构数（家）
	X6	全市各类专业技术人员数（万人）
	X7	每万人人才数（人）
	X8	每万人国际互联网用户数（户）
创新环境	Y1	国家级科技企业孵化器指数（家）
	Y2	国家级高新技术企业数（家）
	Y3	省级以上重点实验室和重点工程中心数（家）
	Y4	每万人普通高校在校大学生数（人）
	Y5	普通高校专任教师数（人）
	Y6	政府属研究机构 R&D 人员全时当量（人年）
	Y7	地方教育经费投入占 GDP 比重（%）
	Y8	地方财政科技经费投入占 GDP 比重（%）
创新产出	Z1	年度授权专利数（件）
	Z2	省级以上科技进步奖数（项）
	Z3	高技术产业产值占工业总产值比重（%）
	Z4	有效注册商标数（件）
	Z5	人均 GDP（元/人）
	Z6	服务业增加值占 GDP 比重（%）
	Z7	规模以上工业劳动生产率（万元/人）
	Z8	万元 GDP 综合能耗（吨标准煤/万元）

二　城市创新效率计算

确定了投入产出变量，采用 MAXDEA Ultra 6.19 进行 DEA 效率计算，利用规模效率不变模型（C^2R 模型）测算各城市创新的综合效率，以及各城市创新对各投入产出指标的松弛变量和剩余变量，然后利用规模效率可变模型（BC^2 模型）测算各城市创新对应的技术效率，最后对所有创新有效的城市，利用基于松弛变量的（Slacks-Based Measure，SBM）VRS 超效率模型（Tone，2002）进行进一步的区分和研究，分别得出它们的技术效率在超效率模型下的数值，从而得到 68 个城市 2014 年的综合效率、技术效率、规模效率和超效率，如表 6.2 所示。

表 6.2　　　　　　　　68 个城市 DEA 效率汇总

序号	城市	综合效率	技术效率	规模效率	超效率	RTS
1	鞍山	1	1	1	1.11	Constant
2	包头	1	1	1	1.19	Constant
3	保定	1	1	1	1.65	Constant
4	长春	1	1	1	1.10	Constant
5	长沙	1	1	1	1.07	Constant
6	常州	1	1	1	1.14	Constant
7	成都	1	1	1	1.33	Constant
8	大连	1	1	1	1.02	Constant
9	大庆	1	1	1	1.54	Constant
10	东莞	1	1	1	1.47	Constant
11	佛山	1	1	1	1.90	Constant
12	福州	0.97	1	0.97	1.00	Decreasing
13	广州	1	1	1	1.31	Constant
14	贵阳	1	1	1	1.05	Constant
15	哈尔滨	1	1	1	1.10	Constant
16	海口	1	1	1	1.47	Constant
17	杭州	1	1	1	1.13	Constant
18	合肥	1	1	1	1.17	Constant
19	衡阳	1	1	1	1.13	Constant
20	呼和浩特	1	1	1	1.52	Constant

序号	城市	综合效率	技术效率	规模效率	超效率	RTS
21	吉林	1	1	1	1.25	Constant
22	济南	1	1	1	1.01	Constant
23	济宁	1	1	1	1.07	Constant
24	江门	1	1	1	1.67	Constant
25	昆明	1	1	1	1.12	Constant
26	兰州	1	1	1	1.10	Constant
27	廊坊	1	1	1	1.37	Constant
28	临沂	1	1	1	1.42	Constant
29	柳州	1	1	1	1.16	Constant
30	洛阳	1	1	1	1.03	Constant
31	南昌	1	1	1	1.01	Constant
32	南京	1	1	1	1.20	Constant
33	南宁	1	1	1	1.23	Constant
34	南通	1	1	1	1.18	Constant
35	南阳	1	1	1	1.31	Constant
36	宁波	1	1	1	1.11	Constant
37	青岛	1	1	1	1.08	Constant
38	泉州	1	1	1	1.40	Constant
39	绍兴	1	1	1	1.57	Constant
40	深圳	1	1	1	1.61	Constant
41	沈阳	1	1	1	1.05	Constant
42	石家庄	0.94	0.96	0.97	—	Decreasing
43	苏州	1	1	1	1.18	Constant
44	太原	0.87	0.89	0.98	—	Decreasing
45	泰安	1	1	1	1.02	Constant
46	唐山	1	1	1	1.11	Constant
47	威海	1	1	1	1.47	Constant
48	潍坊	0.85	0.95	0.89	—	Decreasing
49	温州	1	1	1	1.45	Constant
50	乌鲁木齐	1	1	1	1.05	Constant
51	无锡	1	1	1	1.42	Constant

序号	城市	综合效率	技术效率	规模效率	超效率	RTS
52	芜湖	1	1	1	1.31	Constant
53	武汉	1	1	1	1.07	Constant
54	西安	1	1	1	1.05	Constant
55	西宁	1	1	1	1.07	Constant
56	厦门	1	1	1	1.06	Constant
57	咸阳	1	1	1	1.11	Constant
58	襄阳	1	1	1	1.07	Constant
59	徐州	1	1	1	1.57	Constant
60	烟台	1	1	1	1.11	Constant
61	银川	1	1	1	1.31	Constant
62	榆林	1	1	1	1.09	Constant
63	漳州	1	1	1	1.96	Constant
64	镇江	1	1	1	1.17	Constant
65	郑州	1	1	1	1.05	Constant
66	中山	1	1	1	1.99	Constant
67	株洲	1	1	1	1.24	Constant
68	淄博	1	1	1	1.03	Constant

注：城市以拼音排序。

第三节　城市创新效率与敏感度分析

一　城市创新效率分析

城市创新效率的排名标准是：DEA 有效城市需要通过超效率区分，非 DEA 有效城市按照技术效率和综合效率区分。68 个城市的创新效率总体排名如表 6.3 所示。

表 6.3　　　　　　　　68 个城市创新效率排名

排名	城市	综合效率	技术效率	超效率	排名	城市	综合效率	技术效率	超效率
1	中山	1	1	1.99	35	衡阳	1	1	1.13

排名	城市	综合效率	技术效率	超效率	排名	城市	综合效率	技术效率	超效率
2	漳州	1	1	1.96	36	杭州	1	1	1.13
3	佛山	1	1	1.90	37	昆明	1	1	1.12
4	江门	1	1	1.67	38	唐山	1	1	1.11
5	保定	1	1	1.65	39	烟台	1	1	1.11
6	深圳	1	1	1.61	40	鞍山	1	1	1.11
7	绍兴	1	1	1.57	41	咸阳	1	1	1.11
8	徐州	1	1	1.57	42	宁波	1	1	1.11
9	大庆	1	1	1.54	43	长春	1	1	1.10
10	呼和浩特	1	1	1.52	44	兰州	1	1	1.10
11	威海	1	1	1.47	45	哈尔滨	1	1	1.10
12	海口	1	1	1.47	46	榆林	1	1	1.09
13	东莞	1	1	1.47	47	青岛	1	1	1.08
14	温州	1	1	1.45	48	长沙	1	1	1.07
15	无锡	1	1	1.42	49	武汉	1	1	1.07
16	临沂	1	1	1.42	50	济宁	1	1	1.07
17	泉州	1	1	1.40	51	襄阳	1	1	1.07
18	廊坊	1	1	1.37	52	西宁	1	1	1.07
19	成都	1	1	1.33	53	厦门	1	1	1.06
20	南阳	1	1	1.31	54	西安	1	1	1.05
21	广州	1	1	1.31	55	乌鲁木齐	1	1	1.05
22	芜湖	1	1	1.31	56	贵阳	1	1	1.05
23	银川	1	1	1.31	57	沈阳	1	1	1.05
24	吉林	1	1	1.25	58	郑州	1	1	1.05
25	株洲	1	1	1.24	59	淄博	1	1	1.03
26	南宁	1	1	1.23	60	洛阳	1	1	1.03
27	南京	1	1	1.20	61	泰安	1	1	1.02
28	包头	1	1	1.19	62	大连	1	1	1.02
29	苏州	1	1	1.18	63	济南	1	1	1.01
30	南通	1	1	1.18	64	南昌	1	1	1.01
31	镇江	1	1	1.17	65	福州	0.97	1	1.00
32	合肥	1	1	1.17	66	石家庄	0.94	—	0.78

续表

排名	城市	综合效率	技术效率	超效率	排名	城市	综合效率	技术效率	超效率
33	柳州	1	1	1.16	67	潍坊	0.85	—	0.73
34	常州	1	1	1.14	68	太原	0.87	—	0.56

从表6.3可看出：

（1）绝大多数城市是DEA有效的，只有福州、石家庄、潍坊和太原这4座城市表现为非DEA有效。换句话说，投入过度或产出不足的城市在国内并不多。这说明经过多年来的创新型城市建设，各地对投入产出的绩效普遍都比较重视，在实践过程中也得到了体现。2006年，中央提出2020年我国建成创新型国家的战略目标后，作为创新主体之一的各级政府部门都加强了对自主创新的支持，一方面确立了企业的主体地位，加大科技投入并为企业创新创造良好的制度环境；另一方面重视对高校和科研机构的体制和机制改革，促进其对知识和技术的生产、积累、创新和扩散，从而为企业提供知识、技术和人才服务。

（2）DEA有效城市中超效率超过1.4的城市有17个，超过1.1的城市有34个，因为超效率值δ表示在保持DEA技术有效的前提下投入可以等比例增大的倍数，但当投入等比例增大的倍数超过δ时，该决策单元将变为DEA无效。因此，有17城市最佳投入规模需要扩大40%，其效率值恰好达到1，实现最佳效率状态，即17个城市具有40%的超效率投入空间。有34个城市具有10%及以上的超效率投入空间，占分析城市的50%，有64个城市超有效，占94.1%。技术无效城市仅3个，占4.4%，这些城市主要集中在中部地区。总体来看，从2006年到2014年，经过全社会多年的共同努力，我国大部分城市的创新能力都得到显著的提升，本书中显示94.1%的城市均表现为创新有效，可见这些年各城市的总体发展思路和方向是正确的，这为我国建设成为创新型国家的整体战略目标提供了支撑和保障。

（3）福州虽然规模无效，但是技术有效。这意味着，现有的创新投入思路是对路的，但在创新产出方面还未达到最佳状态。

（4）石家庄、潍坊和太原技术无效，说明现有投入还没有达到有效利用状态，即存在投入过度或产出不足的现象，暂不具备通过加大投入提高效率的条件。对于这些城市而言，在产出保持现状不变的情况下，将投入进行适当减少不会降低现有产出，节省投入是一个可选项。对于技术无效城市，可根据VRS模型计算出决策变量θ、松弛变量$s^+ = (s_1^+, s_2^+, \cdots,$

s_m^+)和剩余变量 $s^- = (s_1^-, s_2^-, \cdots, s_s^-)$，将投入产出调整为改进目标值 $X_{j_0} = \theta X_{j_0} - s_{j_0}^-, Y_{j_0} = Y_{j_0} + s_{j_0}^+$，这些城市将变为技术有效城市。石家庄、潍坊和太原的 VRS 模型松弛变量和投入产出调整目标值分别见表 6.4 和表 6.5。

表 6.4　　　　　　　　　技术无效城市 VRS 模型松弛变量

城市	X1	X2	X3	X4	X5	X6	X7	X8
石家庄	− 17939.0	− 0.3	− 154741.2	− 1989.3	− 9.9	− 10.9	0.0	− 94.0
太原	− 142408.1	− 1.1	− 252335.2	− 9223.7	0.0	− 4.1	− 169.1	− 1065.5
潍坊	− 405349.3	− 0.9	− 417425.7	− 1483.0	0.0	− 13.2	− 59.8	− 4020.7
城市	Y1	Y2	Y3	Y4	Y5	Y6	Y7	Y8
石家庄	− 2.6	− 164.9	− 23.8	0.0	− 12318.7	0.0	− 0.2	0.0
太原	− 3.7	− 742.7	0.0	− 286.0	− 12415.0	− 770.1	− 0.1	− 0.4
潍坊	− 1.7	− 188.7	0.0	0.0	− 3082.7	0.0	− 0.5	0.0
城市	Z1	Z2	Z3	Z4	Z5	Z6	Z7	Z8
石家庄	994.5	0.0	0.0	0.0	36076.6	0.0	0.0	0.0
太原	585.6	0.0	0.0	12475.7	0.0	0.0	15.5	0.6
潍坊	0.0	0.0	1.4	14039.6	21584.5	0.0	0.0	0.7

表 6.5　　　　　　　技术无效城市 VRS 模型投入产出调整目标值

城市	X1	X2	X3	X4	X5	X6	X7	X8
石家庄	567428.1	0.9	425432.8	12234.3	8.1	37.3	1494.0	1920.5
太原	466257.9	1.3	383303.0	8732.9	5.0	19.8	1677.9	2442.1
潍坊	791769.7	1.6	735139.0	8503.7	7.0	34.1	1369.2	1811.5
城市	Y1	Y2	Y3	Y4	Y5	Y6	Y7	Y8
石家庄	3.4	461.1	52.2	370.7	11023.3	1133.0	2.1	0.1
太原	3.3	387.3	56.0	646.6	10324.0	602.0	2.0	0.2
潍坊	4.3	311.3	26.0	153.3	5197.3	122.0	2.4	0.3
城市	Z1	Z2	Z3	Z4	Z5	Z6	Z7	Z8
石家庄	5595.0	36.3	9.7	63000.1	86897.2	45.5	148.8	1.3
太原	4695.9	36.1	24.4	41408.9	66538.9	65.9	99.7	1.6
潍坊	8839.7	14.7	7.6	60742.6	75896.8	41.6	154.4	1.9

二 敏感度分析

敏感度分析是通过增加或者减少投入产出变量，观察效率值的变化，从而可以进一步分析各个观察变量对于效率的影响。本章以指标 Z1（年度授权专利数）、Z8（能耗）和环境指标（Y1—Y7）为例进行敏感度分析。

在原来 24 个指标基础上分别去除指标 Z1、Z8 和环境指标之后重新进行 DEA 计算，各城市超效率及排名的变化见表 6.6。可以看到，整体上指标 Z1 对于城市创新效率的影响高于指标 Z8。从城市个体看，济南、宁波和苏州的创新效率对于 Z1 指标（年度授权专利数）这一类知识与科技产出指标高度敏感，并且去除该指标后济南由 DEA 技术有效变为无效，宁波和苏州的超效率负向变换均高于 5%，宁波的排名由 42 降到 58，苏州的排名由 29 降到 40，即知识与科技产出指标对于这些城市的创新效率贡献非常大，对创新产出的推动力也很大；但对于指标 Z8 不敏感，超效率及排名没有显著变化。大连、福州、合肥对指标 Z8 的敏感度较强，去除该指标后大连和福州由 DEA 技术有效变为无效，而合肥的超效率负向变化在 10% 以上。此外，如果将城市创新所有的环境指标去除，则所有城市的创新效率和排名都有较大幅度变化，11 座城市表现为创新技术无效。这说明，城市的创新效率不仅对于城市创新环境的支撑指标非常敏感，而且城市创新环境的营造也是不可或缺的。

第四节 小结

本章以数据包络分析（DEA）为工具，对 2014 年地区生产总值在 2000 亿元以上的城市，剔除构成显著离群值的北京、上海、天津和重庆 4 个城市以及其他存在缺失数据的城市后，再加入省会城市和副省级城市，共计 68 个城市进行分析。

总体分析显示，94.1% 的城市是 DEA 有效的，在一定程度上可说明经过多年来的创新型城市建设，各地对投入产出的绩效普遍都比较重视，在实践过程中也得到了体现。围绕我国建设创新型国家的战略目标，各级地方政府都加强了对自主创新的支持，确立企业的主体地位，加大科技投入并为企业创新创造良好的制度环境；重视对高校和科研机构的体制和机制改革，促进其对知识和技术的生产、积累、创新和扩散，为经济社会的发展提供支持。同时本章对于目前表现为技术无效的城市也给出了投入产出调整及改进的量化建议以供参考。

表6.6　　敏感度分析

城市	原24个指标		去除指标Z1			去除指标Z8			去除环境指标（Y）		
	排名	超效率	排名	超效率	超效率变化（%）	排名	超效率	超效率变化（%）	排名	超效率	超效率变化（%）
鞍山	40	1.11	37	1.13	1.62	37	1.13	1.62	57	1.00	-9.94
包头	28	1.19	25	1.22	2.78	27	1.22	2.78	8	1.33	11.77
保定	5	1.65	8	1.49	-9.52	5	1.73	4.55	56	1.00	-39.27
长春	43	1.10	39	1.12	1.49	41	1.11	0.95	40	1.05	-4.49
长沙	48	1.07	46	1.08	1.04	51	1.08	0.30	34	1.07	-0.33
常州	34	1.14	34	1.14	0.33	29	1.16	2.14	54	1.00	-11.84
成都	19	1.33	24	1.24	-7.17	18	1.40	4.63	7	1.35	1.22
大连	62	1.02	61	1.02	0.23	67	无效	—	65	无效	—
大庆	9	1.54	11	1.42	-7.85	7	1.67	8.40	2	1.67	8.40
东莞	13	1.47	12	1.42	-3.19	10	1.54	4.90	5	1.40	-4.22
佛山	3	1.90	3	1.69	-11.10	3	1.94	1.96	15	1.20	-37.13
福州	65	1.00	64	1.00	0.47	64	无效	—	59	无效	—
广州	21	1.31	17	1.31	-0.56	21	1.33	1.01	14	1.24	-5.21
贵阳	56	1.05	55	1.05	0.11	54	1.06	0.76	41	1.05	-0.24
哈尔滨	45	1.10	41	1.11	1.28	40	1.12	1.44	30	1.10	-0.02
海口	12	1.47	5	1.57	7.14	15	1.44	-1.94	9	1.32	-10.07
杭州	36	1.13	42	1.11	-1.63	31	1.15	1.87	28	1.11	-1.63

续表

城市	原24个指标		去除指标Z1			去除指标Z8			去除环境指标（Y）		
	排名	超效率	排名	超效率	超效率变化（%）	排名	超效率	超效率变化（%）	排名	超效率	超效率变化（%）
合肥	32	1.17	32	1.15	-1.72	56	1.05	-10.01	43	1.03	-11.52
衡阳	35	1.13	29	1.16	1.95	30	1.16	2.03	11	1.28	13.30
呼和浩特	10	1.52	4	1.65	8.11	8	1.65	8.11	18	1.19	-22.26
吉林	24	1.25	18	1.30	3.69	25	1.24	-1.01	16	1.20	-4.18
济南	63	1.01	65	无效	—	62	1.02	0.20	62	无效	—
济宁	50	1.07	57	1.04	-2.63	48	1.08	1.01	55	1.00	-6.27
江门	4	1.67	7	1.51	-10.06	6	1.67	0.01	52	1.01	-39.85
昆明	37	1.12	33	1.14	1.80	32	1.14	1.80	23	1.14	1.80
兰州	44	1.10	44	1.10	0.28	39	1.12	1.45	27	1.12	1.42
廊坊	18	1.37	21	1.27	-6.78	16	1.43	4.82	4	1.40	2.79
临沂	16	1.42	16	1.31	-7.42	11	1.51	6.39	44	1.03	-27.42
柳州	33	1.16	30	1.15	-0.54	43	1.11	-4.76	67	无效	—
洛阳	60	1.03	63	1.00	-2.12	60	1.03	0.05	45	1.03	0.05
南昌	64	1.01	62	1.01	-0.04	63	1.01	-0.06	53	1.01	-0.70
南京	27	1.20	31	1.15	-4.03	26	1.23	2.34	32	1.08	-9.62
南宁	26	1.23	19	1.27	3.41	35	1.13	-7.90	26	1.13	-8.49
南通	30	1.18	28	1.18	-0.20	34	1.14	-3.46	61	无效	—
南阳	20	1.31	20	1.27	-3.00	19	1.34	2.34	24	1.14	-12.95

续表

城市	原24个指标		去除指标Z1			去除指标Z8			去除环境指标（Y）		
	排名	超效率	排名	超效率	超效率变化（%）	排名	超效率	超效率变化（%）	排名	超效率	超效率变化（%）
宁波	42	1.11	58	1.04	-6.16	38	1.12	1.56	38	1.06	-4.30
青岛	47	1.08	45	1.09	0.97	46	1.09	1.12	58	无效	—
泉州	17	1.40	22	1.26	-9.66	17	1.40	0.61	20	1.17	-16.14
绍兴	7	1.57	10	1.47	-6.45	12	1.50	-4.35	63	无效	—
深圳	6	1.61	6	1.54	-4.42	4	1.73	7.37	12	1.25	-22.02
沈阳	57	1.05	54	1.06	0.73	58	1.04	-0.96	46	1.03	-2.28
石家庄	66	无效	66	无效	—	66	无效	—	60	无效	—
苏州	29	1.18	40	1.12	-5.20	28	1.21	2.63	31	1.09	-7.70
太原	68	无效	68	无效	—	68	无效	—	66	无效	—
泰安	61	1.02	60	1.02	0.13	61	1.02	0.25	51	1.01	-0.87
唐山	38	1.11	35	1.13	1.66	36	1.13	1.66	68	无效	—
威海	11	1.47	14	1.36	-7.54	14	1.47	-0.27	3	1.42	-3.19
潍坊	67	无效	67	无效	—	65	无效	—	64	无效	—
温州	14	1.45	15	1.34	-8.15	20	1.34	-7.66	22	1.16	-20.26
乌鲁木齐	55	1.05	53	1.06	0.77	53	1.06	0.77	37	1.06	0.73
无锡	15	1.42	13	1.38	-2.81	13	1.48	4.09	42	1.03	-27.27
芜湖	22	1.31	26	1.19	-9.55	22	1.29	-1.96	35	1.07	-18.59
武汉	49	1.07	47	1.08	1.05	47	1.08	1.05	36	1.06	-0.82

续表

城市	原24个指标		去除指标Z1			去除指标Z8			去除环境指标（Y）		
	排名	超效率	排名	超效率	超效率变化（%）	排名	超效率	超效率变化（%）	排名	超效率	超效率变化（Y）
西安	54	1.05	52	1.06	0.77	55	1.06	0.37	49	1.01	-3.90
西宁	52	1.07	49	1.08	0.96	50	1.08	0.96	10	1.30	22.35
厦门	53	1.06	50	1.07	0.94	52	1.07	0.56	39	1.06	-0.58
咸阳	41	1.11	38	1.13	1.61	42	1.11	-0.29	17	1.19	7.28
襄阳	51	1.07	51	1.06	-0.38	49	1.08	0.98	29	1.11	3.53
徐州	8	1.57	9	1.48	-5.72	9	1.59	1.59	25	1.13	-27.99
烟台	39	1.11	36	1.13	1.64	45	1.10	-0.98	47	1.02	-8.65
银川	23	1.31	23	1.24	-5.06	24	1.25	-4.63	13	1.25	-4.63
榆林	46	1.09	43	1.10	1.31	44	1.10	1.10	19	1.17	7.77
漳州	2	1.96	1	1.79	-8.45	1	2.07	5.75	33	1.07	-45.34
镇江	31	1.17	48	1.08	-7.63	33	1.14	-2.49	21	1.16	-0.99
郑州	58	1.05	56	1.04	-0.64	57	1.05	-0.08	50	1.01	-3.72
中山	1	1.99	2	1.76	-11.41	2	2.03	2.30	1	2.21	11.11
株洲	25	1.24	27	1.18	-4.85	23	1.28	3.19	6	1.38	11.45
淄博	59	1.03	59	1.03	0.36	59	1.03	0.43	48	1.02	-1.35

第七章　创新型城市建设的宁波案例研究

第一节　宁波创新型城市建设比较

依据第六章数据包络分析的结果和 2014 年城市创新能力评价指标数据，将宁波放在 15 个副省级城市中进行比较。

一　15 个副省级城市的创新效率分析

15 个副省级城市的创新效率计算结果见表 7.1。

表 7.1　　　　　　　　　　15 个副省级城市超效率排名

序号	城市	综合效率	技术效率	规模效率	超效率
1	深圳	1	1	1	1.61
2	成都	1	1	1	1.33
3	广州	1	1	1	1.31
4	南京	1	1	1	1.20
5	杭州	1	1	1	1.13
6	宁波	1	1	1	1.11
7	长春	1	1	1	1.10
8	哈尔滨	1	1	1	1.10
9	青岛	1	1	1	1.08
10	武汉	1	1	1	1.07
11	厦门	1	1	1	1.06
12	西安	1	1	1	1.05
13	沈阳	1	1	1	1.05
14	大连	1	1	1	1.02
15	济南	1	1	1	1.01

从副省级城市的创新效率比较来看：宁波排名第 6，居中偏上；深圳领先优势明显，前五位城市依次降低；自宁波开始，排名以下城市的差距不大。站在宁波的立场，一是重点比较宁波与作为标杆城市的深圳的差距，寻找差距，迎头赶上；二是重点分析同为长三角城市群核心城市的南京、杭州、宁波三个城市的创新效率差距，提升宁波城市创新效率。

（一）深圳创新效率

深圳的城市创新综合效率值和技术效率值均为 1，技术效率在超效率模型下的数值为 1.61，排在 15 个副省级城市的首位。深圳的城市创新超效率为 1.61，说明深圳按等比例再增加 61% 的投入，仍能保持相对有效，这说明，深圳仍具有大幅度加大创新要素的投入来提升创新产出的潜力。

在创新投入方面，各项指标的松弛变量都非零，说明深圳的创新投入处在领先地位，相对薄弱的是 X8（每万人国际互联网用户数）。深圳市大规模、领先的研发经费投入是其创新型城市建设的最有力支撑。

在创新环境支撑指标方面，松弛变量为零的只有 Y4（每万人普通高校在校大学生数）。深圳的这一指标在 15 个副省级城市中排名最末，是深圳市创新型城市建设中的薄弱环境，有待进一步加强。此外，Y7（地方财政科技经费投入占 GDP 的比重）也有待加强。十多年来持续扶持建设的研发机构和重点实验室、重点工程中心等，是深圳市创新型城市建设的重要支撑力量。

在产出指标方面，松弛变量为零的有 Z7（规模以上工业劳动生产率）、Z8（万元 GDP 综合能耗），其他均为非零。尤其是 Z2（省级以上科技进步奖数）、Z4（有效注册商标数）表现突出（见表 7.2）。

表7.2　　　　　　　　　　深圳市创新指标的松弛变量

指标	X1	X2	X3	X4	X5	X6	X7	X8
松弛变量（%）	−77.74	−47.78	−76.19	−68.78	−83.04	−70.00	−43.73	−30.98
指标	Y1	Y2	Y3	Y4	Y5	Y6	Y7	Y8
松弛变量（%）	−39.05	−50.52	−63.46	0.00	−28.45	−93.35	−9.21	−59.45
指标	Z1	Z2	Z3	Z4	Z5	Z6	Z7	Z8
松弛变量（%）	−57.96	−62.24	−56.15	−61.66	−45.21	−19.67	0.00	0.00

（二）南京创新效率

南京的城市创新综合效率值和技术效率值均为 1，技术效率在超效率模型下的数值为 1.2，排在 15 个副省级城市的第 4 位。南京的城市创新超效率为 1.2，说明南京按等比例再增加 20% 的投入，仍能保持相对有效。这说明，南京仍具有加大创新要素的投入来提升创新产出的潜力。

在创新投入方面，松弛变量为零的只有 X3（规模以上工业企业研发经费支出）。南京的这一指标在 15 个副省级城市中排名第 7，虽与深圳差距甚远，但与另外几个排名在前城市的差距并不大。总体来看，南京的创新投入状况良好。

在创新环境支撑指标方面，松弛变量为零的有 Y2（国家级高新技术企业数）、Y7（地方教育经费投入占 GDP 的比重）。Y6（政府属研究机构 R&D 人员全时当量）、Y1（国家级科技企业孵化器指数）的松弛变量数据都较高，尤其是南京集聚的研究机构是南京创新型城市建设的重要力量。

在产出指标方面，松弛变量为零的有 Z4（有效注册商标数）、Z8（万元 GDP 综合能耗）、Z6（服务业增加值占 GDP 比重），Z5（人均GDP）的数据也不高。这几个指标虽不领先，但与排名在前的城市差距也不是很大。Z2（省级以上科技进步奖数）的数据相对较高。总体来看，科技实力雄厚是南京创新型城市建设的优势所在（见表 7.3）。

表7.3　　　　　　　　　　南京市创新指标的松弛变量

指标	X1	X2	X3	X4	X5	X6	X7	X8
松弛变量（%）	-39.20	-51.76	0.00	-41.28	-66.37	-22.30	-19.36	-22.47
指标	Y1	Y2	Y3	Y4	Y5	Y6	Y7	Y8
松弛变量（%）	-76.91	0.00	-18.31	-39.98	-75.90	-81.11	0.00	-50.63
指标	Z1	Z2	Z3	Z4	Z5	Z6	Z7	Z8
松弛变量（%）	-34.21	-68.59	-14.52	0.00	-1.64	0.00	-13.30	0.00

（三）杭州创新效率

杭州的城市创新综合效率值和技术效率值均为 1，技术效率在超效率模型下的数值为 1.13，排在 15 个副省级城市的第 5 位。杭州的城市创新超效率为 1.13，说明杭州按等比例再增加 13% 的投入，仍能保持相对有效。这说明，杭州仍具有一定增加创新要素的投入来提升创新产出的潜力。

在创新投入方面，松弛变量为零的有 X3（规模以上工业企业研发经费支出）、X6（全市各类专业技术人员数）、X8（每万人国际互联网用户数）。X5（创业风险投资机构数）是创新投入指标中状况最好的。总体来看，杭州市创新型城市的建设还需加大创新投入。

在创新环境支撑指标方面，松弛变量为零的有 Y6（政府属研究机构 R&D 人员全时当量），Y7（地方教育经费投入占 GDP 比重）接近零。Y3（省级以上重点实验室和重点工程中心数）、Y1（国家级科技企业孵化器指数）的松弛变量数据较高，是杭州创新型城市建设的载体。

在产出指标方面，松弛变量为零的有 Z3（高技术产业产值占工业总产值比重）、Z1（年度授权专利数）、Z8（万元 GDP 综合能耗），Z5（人均 GDP）接近零，Z6（服务业增加值占 GDP 比重）、Z7（规模以上工业劳动生产率）的数据也不高，Z2（省级以上科技进步奖数）的数据相对较高。总体来看，创新产出仍待提高，尤其是技术创新、产业创新有待加强（见表 7.4）。

表7.4 　　　　　　　　　　　**杭州市创新指标的松弛变量**

指标	X1	X2	X3	X4	X5	X6	X7	X8
松弛变量（%）	−19.43	−28.73	0.00	−28.01	−85.38	0.00	−7.87	0.00
指标	Y1	Y2	Y3	Y4	Y5	Y6	Y7	Y8
松弛变量（%）	−62.37	−57.38	−72.01	−28.98	−40.64	0.00	−7.03	−26.30
指标	Z1	Z2	Z3	Z4	Z5	Z6	Z7	Z8
松弛变量（%）	0.00	−56.51	0.00	−26.49	−0.07	−4.25	−3.97	0.00

（四）宁波创新效率

宁波的城市创新综合效率值和技术效率值均为 1，技术效率在超效率模型下的数值为 1.11，排在 15 个副省级城市的第 6 位。宁波的城市创新超效率为 1.11，说明宁波按等比例再增加 11% 的投入，仍能保持相对有效。这说明，宁波仍具一定的加大创新要素的投入来提升创新产出的潜力。

在创新投入方面，松弛变量为零的有 X2（全社会研发经费投入占地区生产总值比重）、X3（规模以上工业企业研发经费支出）、X4（年末金融机构存款余额和贷款余额）、X5（创业风险投资机构数）、X7

（每万人人才数）。只有 X8（每万人国际互联网用户数）是创新投入指标中状况尚好的。总体来看，宁波市创新型城市的建设还需着力加大创新投入。

在创新环境支撑指标方面，松弛变量均为非零，Y5（普通高校专任教师数）数值较少，是宁波市创新型城市建设中的薄弱环节。其他的创新环境支撑指标尚可，但并没有优势突出的方面。

在产出指标方面，松弛变量为零的有 Z2（省级以上科技进步奖数）、Z3（高技术产业产值占工业总产值比重）、Z6（服务业增加值占 GDP 比重）、Z7（规模以上工业劳动生产率）、Z8（万元 GDP 综合能耗）。知识创新、产业创新均需加强。只有 Z1（年度授权专利数）尚可。总体来看，宁波市的创新型城市建设仍需着力提高创新产出（见表7.5）。

表7.5　　　　　　　　宁波市创新指标的松弛变量

指标	X1	X2	X3	X4	X5	X6	X7	X8
松弛变量（%）	−17.38	0.00	0.00	0.00	0.00	−15.49	0.00	−32.46
指标	Y1	Y2	Y3	Y4	Y5	Y6	Y7	Y8
松弛变量（%）	−32.63	−11.76	−33.31	−39.04	−1.51	−11.84	−20.79	−18.43
指标	Z1	Z2	Z3	Z4	Z5	Z6	Z7	Z8
松弛变量（%）	−50.45	0.00	0.00	−7.62	−19.70	0.00	0.00	0.00

二　15 个副省级城市创新型城市建设的指标数据分析

（一）宁波各项指标在副省级城市中的排名

根据城市创新能力评价指标体系（见表4.8），可对 15 个副省级城市的城市创新指标进行排名，得到宁波在这些城市中的排名（见表7.6）。

表7.6　　　　　　宁波在 15 个副省级城市中的指标排名

宁波排名		指标
排名区间	具体排名	
1—5	2	年度授权专利数（件）
	3	地方教育经费投入占 GDP 比重（%）
	4	地方财政科技经费投入占 GDP 比重（%）
	5	有效注册商标数（件）

续表

宁波排名		指标
排名区间	具体排名	
6—10	6	规模以上工业企业研发经费支出（万元）
	6	每万人国际互联网用户数（户）
	6	人均GDP（元/人）
	7	年末金融机构存款余额和贷款余额（亿元）
	8	全社会研发经费投入占GDP比重（%）
	9	全社会研发经费投入（万元）
11—15	11	规模以上工业劳动生产率（万元/人）
	11	国家级高新技术企业数（家）
	12	高技术产业产值占工业总产值比重（%）
	12	创业风险投资机构数（家）
	12	全市各类专业技术人员数（万人）
	12	每万人人才数（人）
	13	省级以上科技进步奖数（项）
	13	国家级科技企业孵化器指数（家）
	14	每万人普通高校在校大学生数（人）
	14	普通高校专任教师数（人）
	14	政府属研究机构R&D人员全时当量（人年）
	14	服务业增加值占GDP比重（%）
	15	省级以上重点实验室和重点工程中心数（家）

在15个副省级城市的创新能力评价指标排序中，宁波各项排名如下：

排名1—5位的4项指标，两项是地方教育经费投入占GDP比重（第3位）、地方财政科技经费投入占GDP比重（第4位），另两项是年度授权专利数（第2位）和有效注册商标数（第5位）。表明：宁波政府重视教育与科技的投入，实施的知识产权战略取得明显成效。

排名6—10位的6项指标，四项是科技经费投入的指标：规模以上工业企业研发经费支出（第6位）、年末金融机构存款余额和贷款余额（第7位）、全社会研发经费投入占GDP比重（第8位）、全社会研发经费投入（第9位），另一项是信息基础设施指标：每万人国际互联网用户数（第6位），还有一项是创新扩散溢出或间接产出指标：人均GDP（第6

位）。反映出宁波企业是创新投入主体，金融支撑有力，全社会重视创新投入；宁波在全国范围内率先提出建设智慧城市，为创新创造了良好的信息基础设施条件；宁波区域经济发展水平高，创新对经济发展做出了重要贡献。

排名 11—15 位有 14 项指标，反映出三个方面的问题：一是创新机构相对薄弱，包括：国家级高新技术企业数（第 11 位）、省级以上重点实验室和重点工程中心数（第 15 位）、国家级科技企业孵化器指数（第 13 位）、创业风险投资机构家数（第 12 位）；二是创新人才支撑不力，包括：全市各类专业技术人员数（第 12 位）、每万人人才数（第 12 位）、政府属研究机构 R&D 人员全时当量（第 14 位）、每万人普通高校在校大学生数（第 14 位）、普通高校专任教师数（第 14 位）；三是创新产出有待提高，包括：高技术产业产值占工业总产值比重（第 12 位）、省级以上科技进步奖数（第 13 位）、服务业增加值占 GDP 比重（第 14 位）、规模以上工业劳动生产率（第 11 位）。

总体来看，在 24 个指标中，宁波排名处于后三分之二的占了 20 项，占全部 24 个指标约 83%。这些创新指标上的落后，反映了宁波市总体创新能力在副省级城市中处于相对落后的地位。

（二）宁波创新能力的薄弱环节

1. 创新机构薄弱

2014 年，宁波市获批的国家级高新技术企业数排名第 11 位。在 15 个副省级城市中，杭州市获批的国家级高新技术企业数遥遥领先，广州、深圳、成都、武汉均在 1000 家以上，南京、西安、大连、济南在 500 家以上，宁波与厦门、哈尔滨、沈阳处在一个层面，比青岛、长春要好一些（见图 7.1）。

省级以上重点实验室和重点工程中心数排名第 15 位。杭州、广州仍处在领先地位，深圳、西安、成都处在第二梯队，哈尔滨、武汉、厦门、沈阳、大连、长春、南京处在第三梯队，宁波与其前面的济南、青岛仍存在较大的差距（见图 7.2）。

国家级科技企业孵化器数量排名并列第 13 位。南京、杭州、武汉、广州、西安排名前 5 位，数量依次降低；青岛、深圳、成都、大连、哈尔滨的数量相差不大，沈阳、长春并列第 11 位，济南、厦门、宁波并列第 13 位（见图 7.3）。2014 年，宁波市的这一指标排名并列第 13 名，仅有 7 家，为排名第一的南京市的 28%。与南京相比，宁波市不仅在科技企业孵化器数量上处于劣势，而且整体质量和水平有待提升，高水平的创新平台缺乏。支撑创新的基础薄弱。以重点培育高新技术产业、新兴产业为主要使命的各级科技企业孵化器大多停留在粗放式的服务阶段，没有向专业化方向发展。

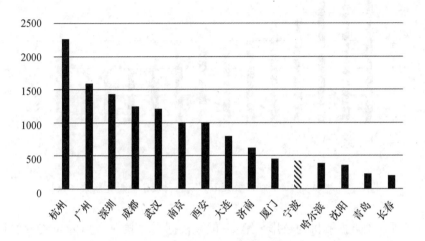

图 7.1　2014 年 15 个副省级城市新增国家级高新技术企业数（家）

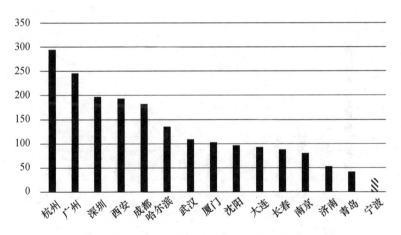

图 7.2　2014 年 15 个副省级城市省级以上重点实验室
和重点工程中心数（家）

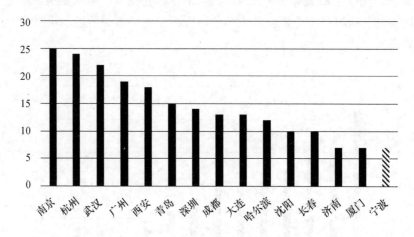

图 7.3　2014 年 15 个副省级城市国家级科技企业孵化器数（家）

创业风险投资机构数排名第 12 位。根据《中国创业风险投资发展报告 2015》中的各城市创业风险投资机构数做出的排序表明：杭州市一枝独秀，西安、青岛、南京、深圳数量依次降低，居第 2 位至第 5 位。宁波排名第 12 位，但与排名第 6 位至第 11 位的城市差距并不大（见图 7.4）。

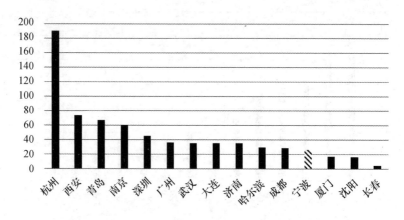

图 7.4　2014 年 15 个副省级城市创业风险投资机构数（家）

2. 创新人才不足

全市各类专业技术人员数排名第 12 位。广州、成都、深圳居前 3 位，相差不大；西安、武汉、哈尔滨、杭州居第 4 位至第 7 位，依次下降。宁波居第 12 位，与第 8 位至第 11 位城市的差距不是很大，好于大连、长春、厦门（见图 7.5）。

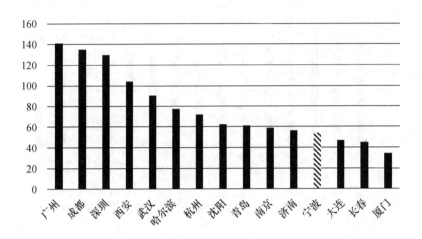

图 7.5　2014 年 15 个副省级城市各类专业技术人员数（万人）

每万人人才数排名第 12 位（见图 7.6）。2014 年，宁波市的每万人人才数为 2304 人，仅为排名第一的深圳市的二分之一左右，但与排名第 2 位至第 11 位的其他城市的差距不是很大。尽管宁波的人才总量已初具规模，但高层次、高技能和复合型人才十分紧缺，尤其缺乏创新型人才和拔尖领军人才。人才引进的平台较少，引进难度较大，引进和留下的成本较高，配套环境较差。特别是还未形成有利于创新型人才集聚企业的价值引导机制，鼓励企业自主增加人才开发投入，实现创新能力提高和创新成果转化的激励诱导机制缺乏。

政府属研究机构 R&D 人员全时当量排名 14 位（见图 7.7）。政府性研究机构需要为当地经济社会的发展提供科学的决策依据，而宁波在这方面的支撑能力显然不足。2014 年，宁波市的政府属研究机构 R&D 人员全时当量仅为广州市的 8%。

每万人普通高校在校大学生数排名第 14 位（见图 7.8）。作为创新环境支撑的重要指标，宁波的每万人普通高校在校大学生数在 15 个副省级城市中排名倒数第二，不到排名第一的济南市的五分之一，说明在高校发展方面远远无法与同类城市相抗衡。

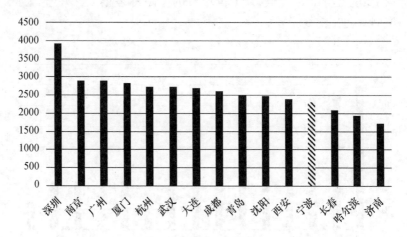

图 7.6　2014 年 15 个副省级城市每万人人才数（人）

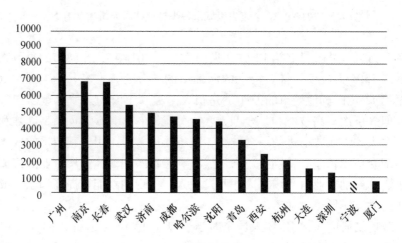

图 7.7　2014 年 15 个副省级城市政府属研究
机构 R&D 人员全时当量（人年）

普通高校专任教师数排名第 14 位（见图 7.9）。与每万人普通高校在校大学生数一样，宁波市普通高校专任教师数也排名第 14 位。反映出宁波市高等教育发展的相对落后。

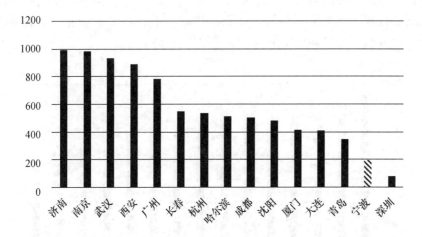

图7.8　2014年15个副省级城市每万人普通高校在校大学生数（人）

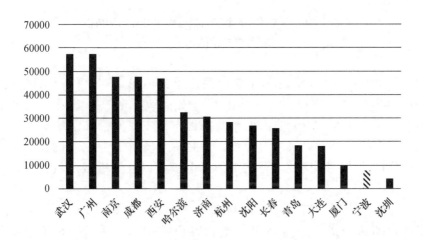

图7.9　2014年15个副省级城市普通高校专任教师数（人）

3. 创新产出有待提高

服务业增加值占地区生产总值的比重排名第14位（见图7.10）。2014年，宁波市服务增加值占GDP比重为44.1%，比排名第一的广州市低11个百分点。2011年、2012年、2013年宁波服务业增加值占全市地区生产总值的比重分别为40.5%、43.3%、44.8%，均低于当年浙江省44.6%、46.3%、47.5%的平均水平。宁波的服务业带有明显的港口城市特征，2014 年批发零售业、金融业、房地产、交通运输和仓储邮政业四大支柱行业占服务业增加值的比重高达 61.4%，科技服务业、信息服务业、商务服务业等知识密集型行业基础比较薄弱。

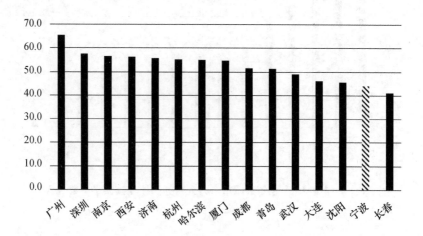

图 7.10　2014 年 15 个副省级城市服务业增加值占地区生产总值的比重（%）

高技术产业①产值占工业总产值比重排名第 12 位（见图 7.11）。2014 年，宁波在该项指标上排在 15 个副省级城市的第 12 名，与排名第一的深圳市 56.89% 的比重相差甚远。其主要原因在于宁波制造业的两大支柱均不在高技术产业统计口径内。支柱工业之一的临港工业以石化产业为主，支柱工业之二的机电工业以电气机械及器材制造业为主。

规模以上工业劳动生产率排名第 11 位（见图 7.12）。2014 年，宁波市的这一指标为排名第一的长春市的 48%。在 2016 年宁波制造业百强企业中，年营业收入超百亿的企业只有 15 家。从企业所处领域看，宁波市的百强企业主要集中在石化、纺织服装、机电等传统优势产业领域，在这些大企业中真正具有带动意义的自主创新龙头企业不多。

---

① 根据 2013 年国家统计局印发的《高技术产业（制造业）分类（2013）》，高技术产业的统计范围包括航空航天器制造业、电子及通信设备制造业、电子计算机及办公设备制造业、医药制造业和医疗设备及仪器仪表制造业共五类行业。

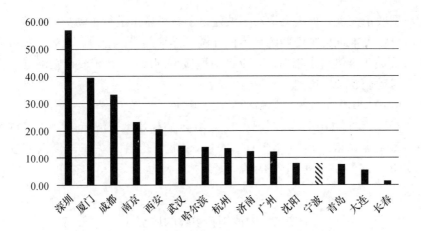

图 7.11　2014 年 15 个副省级城市高技术产业产值占工业总产值的比重（%）

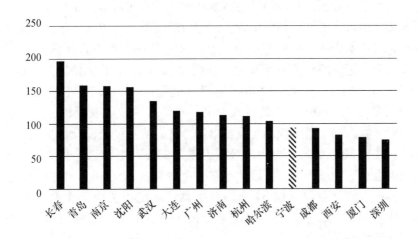

图 7.12　2014 年 15 个副省级城市规模以上工业劳动生产率（万元/人）

第二节　宁波创新型城市建设历程

一　宁波创新型城市建设的阶段

（一）2006 年率先启动创新型城市建设

2006 年 2 月 6 日，宁波市委、市政府召开全市推进自主创新、建设创新型城市大会，市委书记对宁波建设创新型城市进行了动员和部署，市长就宁波市推进自主创新的具体任务做了详细部署。会后，市委、市政府作出《关于推进自主创新，建设创新型城市的决定》，宁波市在浙江省内率先启动创新型城市建设。

（二）2010 年成为国家创新型试点城市

2010 年 1 月 10 日，全国科技工作会议召开，宁波市成为国家首批创新型试点城市。2010 年 3 月 16 日，宁波市出台《关于建设国家创新型城市促进经济转型升级的若干意见》，全面、深入推进创新型城市建设。

二　宁波创新主体的培育

（一）创新型企业和企业研发机构的培育

政府通过出台、落实政策支持培育创新型企业和企业研发机构。在培育创新型企业方面，在鼓励发展高新技术企业和创新型企业的基础上，近年来致力于培育创新型初创型企业，着力形成创新型初创企业—科技型企业—高新技术企业—创新型企业—上市公司的创新型企业梯队。到 2015 年底，全市累计培育了创新型初创企业 6982 家，高新技术企业 1519 家，有 45% 以上的规上企业开展 R&D 活动。这些企业贡献了全市 90% 以上的 R&D 经费投入、80% 以上的授权专利。在培育企业研发机构方面，宁波市政府依据高校、科研院所建设重点实验室，依托企业建设企业工程技术中心。截至 2015 年底，全市市级以上重点实验室累计达到 85 家，其中，国家级重点实验室 5 家，省级重点实验室 18 家；全市市级企业研究院 78 家，其中省级企业研究院 34 家；全市累计认定市级以上企业工程（技术）中心 1082 家，其中国家认定企业技术中心 12 家、省级高新技术企业研究开发中心 313 家。

（二）独立科研机构的引进和共建研发机构的建设

着力引进共建高端创新机构。早期以"两院一校"为重点，开展了与中科院、兵科院、浙江大学的全面合作。中科院材料所、兵科院宁波分院、浙大宁波理工学院和浙大软件学院等引进共建的科研机构和高校成为宁波重要的科研基地。此后，宁波市扩大引进共建高端创新机构的合作范围，国内外的高校、科研机构都成为宁波市的合作对象，引进、共建的机构既有独立的公共研发机构，更有企业研发机构。2015 年全市就引进共建创新载体 65 家。现已经初步构建形成"基础研究—应用研究—产业化开发"的科学研究创新链。

（三）高校建设与能力提升

宁波历史上高校数量少、层次低。自建设创新型城市以来，宁波市政府十分重视高校数量增加与质量提升。高校数量从 1998 年的 3 所增加到 2015 年的 15 所，高等教育毛入学率从 8.8% 增长到 57%，高校在校大学生近 16 万人，研究生达到 8200 人。聚焦高水平大学建设和特色学院建设，宁波大学突破博士点，宁波诺丁汉大学办成国内高水平中外合作大学，宁波工程学院、宁波大红鹰学院等工程教育和职业教育卓有成效。宁波大学工程学、临床医学两个学科进入全球 ESI 前 1%，宁波诺丁汉大学建筑环境与设备工程专业获得英国皇家注册建筑设备工程师协会认证。

三　宁波创新内容的推进

（一）以企业为主体的技术创新

在创新型城市建设之初，宁波市就着力实施知识产权战略，具体包括专利、标准和品牌"三大战略"。十多年来，知识产权战略取得明显成效，2004 年被确定为全国知识产权试点城市，2007 年被确定为国家知识产权示范创建城市，2014 年成功获得"国家知识产权示范城市"称号，2015 年成功获批国家知识产权区域布局试点地区。专利申请量和授权量大幅度攀升，2015 年专利申请和专利授权分别突破 5.8 万件和 4.6 万件，其中发明专利申请 16056 件，发明专利授权 5412 件；授权发明专利占全部授权专利的比例达到 11.7%，万人有效发明专利拥有量达到 18.1 件，远远高出全国（6.3 件）、全省（12.9 件）的平均水平。公牛集团、东方电缆、海天塑机等企业先后完成"浙江制造"的相关标准制定，其中东方电缆通过"浙江制造"品牌认证，企业品牌建设的意识和能力进一步加强。

（二）以高校和科研机构为主体的知识创新

论文发表、发明专利和高等级科技奖项情况是测度区域科研水平和影响力的重要指标，也是衡量区域知识创新的重要指标。作为宁波市最重要的高校，宁波大学近年来主持完成国家自然科学奖二等奖 1 项、国家技术发明奖二等奖 1 项、国家科技进步奖二等奖 2 项，实现了国家科学技术奖三大奖项的全面突破；"十二五"期间，全校论文被 SCI 收录 3189 篇，其中第一署名单位 2032 篇，授权职务专利 2464 件（职务专利 2199 件），其中发明专利 1154 件，以第一作者在人文社科类核心期刊上发表论文 2482 篇，国家一级出版社出版的学术专著 260 部。

（三）以政府为主体的制度创新

在创新型城市建设的过程中，宁波市政府通过出台重要文件，明确不同阶段创新型城市建设的思路与重点任务。2006 年的《关于推进自主创新建设创新型城市的决定》，2010 年的《关于建设国家创新型城市促进经济转型升级的若干意见》，2013 年的《关于强化创新驱动加快经济转型发展的决定》，是宁波市创新型城市建设不同阶段的纲领性文件，引领全市的创新型城市建设。在出台这些重要文件引领创新城市建设的同时，宁波市还针对不同阶段创新型城市建设的重点任务，出台相应的政策推进创新型城市建设。

（四）以科技中介服务机构为主体的服务创新

针对宁波市以中小企业为主的企业组织结构，宁波一直重视科技中介服务机构与平台的建设，探索出"政府扶建平台、平台服务企业、企业自主创新"的创新型城市建设模式。通过建立市知识产权服务平台，为企业定制专利特色数据库、提供专利预警服务，帮助企业监测、跟踪竞争对手，协助企业做好专利申请布局设计更改，构筑企业专利保护网等措施，提高专利申请、授权总量。通过建设科技孵化器培育科技型企业。宁波高新区就建有 60 万平方米的孵化基地，拥有 4 家国家级孵化器。宁波甬港现代创业服务中心通过科技部 2013 年科技企业孵化器认定，晋升为"国家级科技企业孵化器"，成为宁波市第一家国家级科技企业孵化器。

四　宁波创新运行扩散机制

（一）面向国内外的开放创新

相对于发达的经济基础，宁波市科技基础薄弱，通过引进科技机构集聚创新人才来增强科技实力，通过构建技术成果交易、转化平台集聚创新资源。网上的技术市场与网下的科技合作活动齐头并进集聚国内外创新资源。网上技术市场在多年运行的基础上，近年来加快了大数据等信息化步伐。2015 年技术交易 3892 项，成交额达 58.55 亿元，知识产权转化交易平台"天一生水网"汇聚了各类知识产权 2000 多项，建成了近百个企业知识产权信贷数据库，实现专利交易 8 笔，交易额 200 多万元。网下的科技合作活动则是国内、国外并行。

（二）强调合作的协同创新

政府在整合科技资源方面起了重要的作用，围绕创新链构建政策链，形成了从决定到规划、政策、计划的完整政策链条，建立市级职能部门协同、市县两级联动的工作推进机制。产学研合作全面推行，新型模式不断涌现。一是建立以企业为主导的产学研合作机制，实现企业出题、政府立题、协同破题；二是着力建设高校院所技术转移中心，积极探索"就地转移""引进转移""移植转移"等科技成果技术转移模式；三是围绕战略性新兴产业培育和传统优势产业改造提升，组建了新材料、半导体照明、智能装备、工业信息化、生物提取等15家产学研技术创新战略联盟。从鼓励金融机构金融创新，培育创业与风险投资等方面着手，初步形成了集天使投资、科技银行、知识产权质押、科技信贷风险池、科技金融服务中介等多元化、多层次、多渠道的科技投融资体系，科技与金融结合成效显著。

第三节　宁波创新型城市建设对策

一　以推进产业转型升级为导向

（一）加速经济服务化，提高服务业增加值比重

针对宁波市服务业占地区生产总值比重明显低于同类城市的情况，宁波市应加快服务业的发展，推进经济服务化进程。宁波市服务业的发展要立足于港口优势，着力推进物流、贸易等港口城市具有优势的服务业部门的发展，实现港口从交通运输港向物流贸易港的转变；要迎合新技术背景下服务业发展的新趋势，着力发展新技术基础上的新产业，加速服务业的业态和模式创新，重点发展跨境电商、互联网金融等新兴服务业。同时，大力实施服务业创新驱动工程，加大对信息服务业、科技服务业的支持力度，以发达的信息服务业实现物流、贸易、金融等传统优势服务业的创新发展，以发达的科技服务业助推制造业的转型升级。充分发挥民营企业化运营的机制优势，加快先进适用技术的推广，培育经营企业化、组织网络化、功能社会化、运行规范化、服务产业化的科技服务业体系，构建技术与人才、创新与环境相协调的科技服务业发展运营环境。

（二）发展高技术产业，提升高新技术产业比重

宁波是制造业强市，大力发展高技术产业是实现产业结构升级的关键环节。依据国家统计局的高技术产业统计口径，宁波高技术产业占工业的比重偏低。因此，加快高技术产业发展，是宁波创新型城市建设的重要环节。宁波高技术产业发展重点，一是发挥港口与产业基础优势，继续增强新材料、高端装备制造业、电子信息产品制造业的竞争力；二是围绕生物

医药、海洋高技术、节能环保、文化创意设计等产业，倾力打造"专、精、特、优"新兴产业集群，推动新兴产业高水平规模化发展。围绕重点发展产业，一要创新科技管理方式，集成科技资源，构建与产业链相对应的创新链，切实增强这些重点产业发展的科技支撑；二要加大对科技企业孵化器、众创空间等创新平台的支持力度，加速科技成果转化，加速创新企业、创新产业的成长。在创新链的构建过程中，一要依托本市的研发力量，增强高校、科研机构、企业研发机构的研发能力，完善产学研结合的创新网络；二要进一步发扬开放创新的传统，加强本地创新网络与国内外创新网络的连接，包括积极探索通过对外直接投资融入全球创新网络的新途径。

（三）推进智能制造，提高规模以上工业劳动生产率

发达的临港工业和传统优势产业是宁波制造业强市的两大支柱。在新形势下，这两大支柱产业的发展，一要依托新一代信息技术改造为智能制造系统，实现产业向价值链高端的攀升；二要以推进循环型临港工业园区建设为重点，构建质量效益型和生态环保型的临港工业体系，实现绿色制造，提高临港工业可持续发展水平。要着力培育推广智能制造模式，建设一批智能工程和数字化车间，培育一批系统集成商等，助推宁波制造业构建新型制造体系，全面提升制造业研发、生产管理和服务的智能化水平。积极推动制造业企业利用互联网技术和平台加快转型升级，在家电、汽车、模具等行业搭建一批制造云平台，推进"互联网＋两创"、智能物流服务平台等建设，推进循环经济示范基地建设。以提升制造业资源能源利用效率和清洁生产水平为目标，在重点工业园区、重点行业试点推行整体清洁生产模式，深入开展一批园区循环化改造重大项目，全面构建绿色制造体系。

二　以大力培育创新机构为主体

（一）壮大创新型企业队伍

创新型企业是城市创新尤其是城市产业创新的主力军。宁波创新型城市的建设要继续推进创新型初创企业—科技型企业—高新技术企业—创新型企业—上市公司的创新型企业梯队建设。尤其是借宁波市成为全国首批国家科技成果转移转化示范区的契机，加速建设、提升科技企业孵化器等各类科技成果转化平台，壮大创业风险投资机构，形成良好的创业创新生态，加速培育一批创新型初创企业，提升一批科技型企业，壮大一批高新技术企业，转化一批具有自主知识产权的重大新技术、新装备、新工艺、

新产品，衍生一批原创新兴产业，推动创新型产业集群规模和竞争力提升。同时，继续加大对高新技术企业的扶持力度，从税收优惠、关键和共性技术攻关、企业研发机构建设等多种角度，提升高新技术企业的创新能力和市场竞争力。

（二）提升高校办学水平

缺少高水平大学一直是宁波创新型城市建设的薄弱环节。经过十多年的发展，宁波的高校数量和科研实力都有了切实的改观，但与同类城市相比，仍然差距很大。目前，宁波市正在经历经济发展动力从投资驱动向创新驱动转变、经济发展阶段从工业化中期向中后期转变、创新模式从引进模仿创新向自主创新转变等重大转型，作为城市自主创新源头和创新人才培养基地的高校，在宁波市经济社会发展中的作用是前所未有的。应像深圳市一样从战略的高度重视高校对城市创新的作用，大手笔加大对高校学科建设和创新能力的投入，切实启动建设国内一流高校工程。支持宁波大学建设国内一流地方综合性大学，成为特色鲜明的综合性研究型大学，整合浙江大学在甬教学资源和新设学院建立浙江大学宁波校区，合作共建中科院大学宁波新材料学院，加强宁波诺丁汉大学学科建设。

（三）提高科研机构研发能力

通过引进，宁波市已经培育出一些高水平的科研机构，但数量与水平仍有待提高，需继续集聚新型科研机构并在提高在甬科研机构研发能力的基础上推进科技成果转化和产研合作。积极对接国家重大科技基础设施建设、中国科学院"创新2020"工程，整合资源建设材料基因组工程、新材料试验试制等技术创新公共实验工场，争取国家重大科研基础设施落户。主动对接北京、上海等国家创新高地，引进共建新型产业技术研究院和产业创新中心。引导聚集国内外企业、高校院所、科研机构等创新资源，推动建设一批重点产业创新中心。重点支持中科院宁波材料所、兵科院向高水平现代科研院所发展，按照产学研用一体化思路，紧密结合宁波发展进行技术攻关和成果转化。

三　以加速集聚创新人才为根本

（一）深入实施人才发展计划

以充分满足城市创新发展人才需求为导向，深入实施"3315"计划，大力引进高端创业创新团队和海外高层次人才；深入实施"泛3315计划"，大力引进各类紧缺人才和团队；深入实施"海外工程师"引进计划，着力引进一批外籍研究员、工程师、教授等高层次专业人才；深入实施"领军拔尖人才培养工程"和"港城工匠"等人才发展计划，集聚一批高层次创新人才、高水平管理人才、高素质技能人才等。不断创新人才引进方式，助推宁波成为影响力大、集聚力强、辐射力广的国际化制造创新人才高地。

（二）加快建设创新人才集聚载体

打造双城创新高地，建设人才高地，积极引进大院大所共建人才发展平台。高水平建设新材料科技城，建设国际一流、国内领先的新材料创新中心，率先试点创新驱动体制改革，成立科技成果转化基金，引进人才及家属落户、进口科研仪器设备免税、高层次人才就医绿色通道等政策得到有效落实。全面建设国际海洋生态科技城，集聚一批涉海研发机构和创新载体，打造国内知名的海洋科技创新平台。积极探索专业机构引育、海外孵化等方式，鼓励县（市）区、开发区引导社会资本建设"千人计划"产业园、海外人才离岸创业基地、人才项目海外孵化器。通过搭建产教融合人才开发平台、紧缺人才信息平台等技能人才发展平台，加速培养一批制造业所需专业人才。构筑企业人才创新承载平台，加快企业院士工作站、企业博士后工作站和企业创新团队建设。

（三）营造优越成才环境

健全多元化人才评价体系，完善人才激励机制，落实科技人才自由流动政策，支持高新园区、高校院所和骨干企业开展人才管理改革试点。探索在甬外国留学生毕业后留甬就业试点，争取外籍人才"两证合一"、技术移民等试点。大力发展人力资源服务业，增强人力资源服务产业园功能，集聚人力资源服务机构，建设高端人力资源服务机构孵化基地。强化人才服务保障，提升高层次人才创业创新服务联盟效能。

第四节　小结

依据数据包络分析的结果以及 2014 年的城市创新能力评价指标数据，将宁波放在 15 个副省级城市群体中进行比较，得出宁波城市创新效率居中偏上，城市创新能力存在三大不足：创新机构薄弱、创新人才不足、创新产出水平有待提高。

通过对宁波创新型城市建设过程和现状的深入分析，归纳出宁波创新型城市建设，坚持以提升产业竞争力为导向推进城市创新，形成了以技术创新为主导、以知识创新为基础、以制度创新和服务创新为支撑的个性特征。

　　针对宁波创新型城市建设中存在的问题，以前面构建的创新型城市、城市创新系统理论为指导，借鉴深圳、南京、杭州等先进城市的经验，提出未来宁波推进创新型城市建设的对策建议：以推进产业转型升级为导向，加速经济服务化，发展高技术产业，推进智能制造，提高服务业增加值占地区生产总值比重、高技术产业产值占工业总产值比重、规模以上工业劳动生产率等创新产出指标；以大力培育创新机构为主体，壮大创新型企业队伍，提高高校办学水平，提高科研机构研发能力，切实增强创新机构实力；以加速集聚创新人才为根本，通过营造优越的人才成才软硬环境，夯实创新型城市建设基础。

附 录

附表 1 2014 年 68 个城市投入产出指标数据

创新投入及创新环境指标

序号	城市	X1	X2	X3	X4	X5	X6	X7	X8	Y1	Y2	Y3	Y4	Y5	Y6	Y7	Y8
1	鞍山	361169.00	1.51	327595.00	4495.96	0.00	21.67	1261.00	1804.37	1.00	554.00	45.00	100.26	2128.00	0.00	1.35	0.19
2	包头	429459.00	1.18	401720.30	4327.68	0.00	14.36	1688.00	1504.72	1.00	520.00	21.00	251.29	4517.00	53.00	1.17	0.14
3	保定	465970.00	1.69	457739.50	7259.54	3.00	36.74	896.00	1511.04	1.00	9.00	62.00	140.28	10498.00	308.00	3.16	0.08
4	长春	1009241.00	1.89	528080.90	16198.84	4.00	45.24	2084.00	1785.17	10.00	1558.00	88.00	549.44	25836.00	6827.00	1.60	0.13
5	长沙	1710712.00	2.19	1266894.10	21456.97	10.00	81.26	2294.00	2090.27	10.00	850.00	93.00	748.84	32691.00	3236.00	1.61	0.29
6	常州	1279388.00	2.61	1234838.40	11548.31	37.00	24.44	1625.00	2488.29	15.00	1364.00	4.00	231.15	5256.00	50.00	1.39	0.44
7	成都	2195323.76	2.18	725646.10	46576.43	28.00	135.04	2604.00	1996.19	13.00	1724.00	182.00	505.52	47643.00	4726.00	1.82	0.25
8	大连	1359723.00	1.78	996124.30	21540.15	32.00	46.83	2686.00	1891.32	13.00	803.00	92.00	409.83	18281.00	1509.00	1.37	0.56
9	大庆	1500.00	0.00	278742.40	2922.22	5.00	19.28	1586.00	1796.73	1.00	502.00	42.00	213.42	3758.00	128.00	0.88	0.02
10	东莞	1160113.70	1.97	1150506.10	14885.64	0.00	28.36	2165.00	2455.44	7.00	755.00	95.00	83.74	3148.00	13.00	2.02	0.24

续表

序号	城市	X1	X2	X3	X4	X5	X6	X7	X8	Y1	Y2	Y3	Y4	Y5	Y6	Y7	Y8
11	佛山	1836925.16	2.42	1829276.90	18871.43	0.00	46.32	2321.00	3319.46	10.00	637.00	64.00	63.54	1810.00	16.00	1.39	0.20
12	福州	893614.00	1.73	670287.20	19497.88	4.00	47.67	1429.00	2798.79	3.00	184.00	89.00	431.82	19639.00	2644.00	2.33	0.18
13	广州	3340100.00	2.00	1929674.10	59701.00	36.00	140.90	2888.00	4932.53	19.00	2381.00	246.00	779.24	57196.00	8991.00	1.37	0.34
14	贵阳	288053.00	1.15	177518.40	13552.70	11.00	22.50	1331.00	2304.65	3.00	656.00	42.00	788.67	16595.00	1768.00	3.22	0.50
15	哈尔滨	1125472.70	2.11	536247.10	16141.43	28.00	77.23	1940.00	1650.98	12.00	328.00	135.00	512.94	32480.00	4579.00	2.09	0.19
16	海口	115763.00	1.06	90783.10	6102.21	4.00	12.76	1526.00	2496.93	1.00	129.00	55.00	820.49	8894.00	352.00	2.15	0.10
17	杭州	2740000.00	2.98	1781664.00	44306.22	182.00	72.23	2721.00	3135.18	24.00	1860.00	295.00	533.85	28265.00	1997.00	1.98	0.57
18	合肥	1603362.00	3.11	886822.00	17312.32	31.00	56.09	2001.00	1447.77	7.00	663.00	150.00	646.19	24515.00	4806.00	2.11	0.56
19	衡阳	137337.00	0.57	137337.10	3346.33	0.00	17.71	825.00	899.85	0.00	103.00	13.00	144.12	5992.00	148.00	2.64	0.08
20	呼和浩特	155043.00	0.54	155042.50	9869.65	10.00	17.69	1879.00	1485.84	3.00	28.00	23.00	767.11	12247.00	1133.00	1.33	0.12
21	吉林	140809.00	0.59	114927.40	3542.94	1.00	22.93	1216.00	1690.63	1.00	453.00	45.00	242.17	5483.00	277.00	2.06	0.24
22	济南	1205422.00	2.09	877947.10	20252.68	34.00	56.71	1715.00	2868.73	7.00	622.00	53.00	991.09	30778.00	4936.00	1.62	0.17
23	济宁	585767.00	1.54	561499.50	6135.11	0.00	29.52	1214.00	1245.15	5.00	480.00	18.00	115.89	5234.00	268.00	2.72	0.21
24	江门	354933.03	1.70	350441.20	5340.63	0.00	20.84	1466.00	2692.73	1.00	237.00	12.00	85.83	1761.00	31.00	2.62	0.25
25	昆明	291270.00	0.78	289278.30	20783.54	14.00	21.76	1866.00	1994.11	10.00	301.00	72.00	618.67	25895.00	3937.00	2.30	0.34
26	兰州	370914.00	1.85	95982.20	12230.24	3.00	25.12	1358.00	2001.96	4.00	506.00	54.00	1130.13	15345.00	4545.00	2.57	0.16
27	廊坊	39256.00	0.18	68595.00	6460.79	1.00	24.77	1345.00	2032.70	1.00	200.00	65.00	199.38	5359.00	687.00	2.47	0.14
28	临沂	639475.00	1.79	617879.30	7217.65	5.00	46.14	1121.00	1263.89	3.00	374.00	10.00	63.81	3344.00	227.00	3.01	0.13
29	柳州	355609.00	1.61	339862.20	4323.93	1.00	19.13	1533.00	1901.20	1.00	341.00	15.00	177.58	3354.00	111.00	2.06	0.19
30	洛阳	337042.00	1.03	337042.20	6044.54	0.00	18.36	1345.00	2240.04	3.00	725.00	21.00	186.05	5777.00	148.00	2.42	0.26
31	南昌	397168.00	1.08	397167.70	13625.49	7.00	28.09	1638.00	2281.78	7.00	377.00	83.00	1057.90	31666.00	1797.00	2.22	0.22
32	南京	2628583.50	2.98	1428868.60	35790.40	55.00	59.15	2897.00	2762.62	25.00	389.00	80.00	980.19	47749.00	6883.00	1.55	0.51
33	南宁	258071.00	0.82	124974.00	14155.95	2.00	20.99	1726.00	2573.40	3.00	686.00	46.00	515.25	18441.00	3002.00	2.40	0.23
34	南通	1413174.00	2.50	1349998.20	13469.91	20.00	37.23	1416.00	1768.57	10.00	382.00	12.00	110.85	4939.00	134.00	2.51	0.39
35	南阳	244617.00	0.91	237884.10	4309.30	0.00	28.34	1203.00	722.49	1.00	173.00	23.00	70.48	4079.00	114.00	3.62	0.25

续表

序号	城市	X1	X2	X3	X4	X5	X6	X7	X8	Y1	Y2	Y3	Y4	Y5	Y6	Y7	Y8
36	宁波	1756300.00	2.31	1598917.90	26918.01	23.00	53.76	2304.00	3597.49	7.00	428.00	27.00	193.13	7808.00	748.00	2.10	0.56
37	青岛	2442873.00	2.81	1924791.60	21090.36	64.00	61.47	2496.00	7709.31	15.00	232.00	41.00	346.54	18587.00	3260.00	2.15	0.31
38	泉州	650049.00	1.13	626262.60	10452.17	3.00	59.62	1057.00	2192.30	2.00	131.00	81.00	144.74	6641.00	88.00	1.82	0.18
39	绍兴	896846.00	2.10	896845.80	12377.62	14.00	35.23	1583.00	3109.97	3.00	255.00	5.00	162.12	3912.00	22.00	1.83	0.43
40	深圳	6430000.00	4.02	5883496.00	55168.85	44.00	129.60	3915.00	4102.27	14.00	1435.00	198.00	81.34	4462.00	1251.00	2.07	0.59
41	沈阳	13780062.00	1.94	750821.40	22336.50	16.00	62.23	2476.00	1947.39	10.00	841.00	96.00	482.31	26806.00	4436.00	1.65	0.37
42	石家庄	585367.00	1.13	580174.00	14223.53	18.00	48.20	1494.00	2014.47	6.00	626.00	76.00	370.72	23342.00	1133.00	2.32	0.14
43	苏州	3605353.20	2.62	3135421.60	38676.13	192.00	76.28	3016.00	2788.57	36.00	2061.00	36.00	197.55	11316.00	1318.00	1.48	0.55
44	太原	608666.00	2.40	635638.20	17956.59	5.00	23.89	1847.00	3507.64	7.00	1130.00	56.00	932.60	22739.00	1372.00	2.08	0.56
45	泰安	669768.00	2.23	620390.00	4050.00	5.00	23.12	1295.00	1439.99	1.00	333.00	23.00	188.50	5409.00	274.00	1.77	0.13
46	唐山	701349.00	1.13	701348.70	11045.41	12.00	39.40	1628.00	1773.51	1.00	152.00	60.00	142.43	5282.00	47.00	1.75	0.13
47	威海	564386.00	2.02	552338.90	4185.67	0.00	14.88	1096.00	2550.55	3.00	231.00	14.00	229.03	3413.00	19.00	2.12	0.35
48	潍坊	1197119.00	2.50	1152564.70	9986.66	7.00	47.35	1429.00	5832.14	6.00	500.00	26.00	153.29	8280.00	122.00	2.92	0.28
49	温州	647500.00	1.50	596467.80	15160.79	4.00	47.30	1756.00	2883.55	2.00	343.00	18.00	90.00	5057.00	192.00	2.90	0.26
50	乌鲁木齐	183041.00	0.74	131222.40	10736.30	9.00	17.63	1462.00	2600.57	7.00	292.00	45.00	474.73	11097.00	2517.00	2.67	0.34
51	无锡	2240050.00	2.73	2136139.20	20518.64	41.00	42.25	2450.23	2353.81	20.00	1481.00	9.00	175.75	6053.00	465.00	1.38	0.43
52	芜湖	611848.00	2.65	528810.30	4410.14	8.00	28.23	1727.00	1727.95	2.00	230.00	88.00	349.61	6643.00	15.00	2.21	1.49
53	武汉	2933800.00	2.91	1726175.70	30732.10	33.00	90.46	2720.00	3772.49	22.00	3043.00	109.00	930.65	57313.00	5435.00	1.43	0.57
54	西安	2871157.00	5.23	884957.10	26640.39	71.00	104.10	2390.00	3221.67	18.00	3531.00	194.00	888.29	46766.00	2429.00	2.03	0.25
55	西宁	92140.42	0.86	58945.00	6432.98	2.00	8.76	1123.00	1843.98	3.00	74.00	33.00	293.61	3881.00	585.00	3.25	0.17
56	厦门	963913.00	2.94	838805.90	13708.59	17.00	34.29	2829.00	3834.38	7.00	456.00	103.00	415.61	9825.00	725.00	2.72	0.53
57	咸阳	63817.00	0.31	67036.80	2867.12	0.00	37.16	1128.00	1293.17	2.00	233.00	40.00	245.91	5615.00	76.00	2.89	0.06
58	襄阳	609675.00	1.95	609675.80	3991.56	3.00	22.40	1446.00	853.54	3.00	711.00	22.00	93.85	2558.00	114.00	2.19	0.60
59	徐州	868684.00	1.75	795796.10	7011.25	8.00	43.14	1024.00	1247.64	6.00	127.00	9.00	159.06	7734.00	176.00	2.66	0.35
60	烟台	1690525.00	2.82	1627047.90	10162.28	5.00	40.60	2352.00	1920.51	7.00	246.00	39.00	247.34	8904.00	735.00	1.74	0.28

续表

序号	城市	X1	X2	X3	X4	X5	X6	X7	X8	Y1	Y2	Y3	Y4	Y5	Y6	Y7	Y8
61	银川	156199.00	1.12	106376.10	5794.90	2.00	3.12	1677.00	2066.80	2.00	70.00	21.00	439.23	6606.00	465.00	1.91	0.27
62	榆林	25729.00	0.09	25729.30	4553.95	0.00	14.03	648.00	1301.75	0.00	18.00	6.00	49.19	860.00	0.00	3.21	0.18
63	漳州	288190.00	1.15	282445.60	3635.99	0.00	28.36	1088.00	1955.85	0.00	291.00	38.00	140.17	3773.00	99.00	2.07	0.18
64	镇江	813095.00	2.50	718080.30	6216.10	36.00	15.51	1096.00	1954.34	8.00	269.00	12.00	265.54	5324.00	54.00	1.69	0.36
65	郑州	1054401.00	1.56	810026.10	24823.94	5.00	81.25	1621.00	2215.82	8.00	914.00	116.00	835.19	55040.00	1489.00	1.84	0.21
66	中山	653075.00	2.31	663898.40	6378.97	0.00	14.04	1622.00	3401.20	2.00	406.00	13.00	125.17	1643.00	0.00	2.55	0.46
67	株洲	325981.00	1.51	347521.90	3166.83	4.00	18.22	1496.00	1448.16	1.00	234.00	46.00	225.43	4376.00	89.00	1.91	0.20
68	淄博	772746.00	1.92	728115.40	6084.77	8.00	27.15	1561.00	1831.42	5.00	452.00	36.00	207.74	5335.00	21.00	1.85	0.20

创新产出指标

序号	城市	Z1	Z2	Z3	Z4	Z5	Z6	Z7	Z8
1	鞍山	1819.00	13.00	1.32	11789	66860.00	43.94	114.64	1.12
2	包头	1141.00	22.00	0.49	11924	130676.00	47.94	140.59	0.75
3	保定	3385.00	28.00	2.07	44346	26262.00	35.43	100.13	1.43
4	长春	4398.00	89.00	1.52	38198	70891.00	41.12	196.07	1.30
5	长沙	11448.00	151.00	11.82	93518	107683.00	41.81	131.40	1.82
6	常州	18152.00	15.00	9.31	51245	104423.00	48.05	127.62	2.94
7	成都	31935.00	200.00	33.12	183709	70019.00	51.62	92.78	1.42
8	大连	5886.00	66.00	5.65	50414	109939.00	45.93	119.75	2.15
9	大庆	1815.00	17.00	0.23	7432	146518.00	19.76	184.86	0.93
10	东莞	20340.00	21.00	43.12	125025	70605.00	52.14	48.26	1.75

续表

序号	城市	Z1	Z2	Z3	Z4	Z5	Z6	Z7	Z8
11	佛山	21707.00	16.00	6.27	155509	103825.00	36.48	113.57	1.89
12	福州	6763.00	25.00	12.73	89725	69995.00	46.45	112.34	2.04
13	广州	28137.00	181.00	12.35	437767	128478.00	65.23	118.02	2.08
14	贵阳	3766.00	57.00	15.50	30131	55018.00	56.57	89.71	0.82
15	哈尔滨	9284.00	196.00	13.95	59598	53872.00	54.86	104.02	1.09
16	海口	974.00	25.00	25.15	24776	49943.00	74.85	94.38	1.82
17	杭州	33548.00	154.00	13.50	239896	103813.00	55.25	111.52	2.05
18	合肥	12722.00	97.00	13.27	59309	67394.00	39.32	138.95	6.16
19	衡阳	1547.00	11.00	9.66	11333	32934.00	38.28	86.77	1.38
20	呼和浩特	1119.00	28.00	9.70	22861	95961.00	66.36	159.83	0.92
21	吉林	973.00	56.00	3.92	13220	55548.00	42.66	135.60	1.63
22	济南	11701.00	29.00	12.41	73250	82052.00	55.78	113.59	1.30
23	济宁	4582.00	15.00	3.67	21062	46213.00	39.58	89.49	1.28
24	江门	5534.00	4.00	7.12	36684	46237.00	42.88	77.24	1.80
25	昆明	5104.00	89.00	7.45	75057	56236.00	53.67	93.31	1.94
26	兰州	2139.00	83.00	2.18	15446	54771.00	56.15	135.82	1.24
27	廊坊	2156.00	13.00	4.40	20969	48407.00	42.50	131.68	1.24
28	临沂	2922.00	4.00	4.79	55929	35032.00	44.26	126.43	1.13
29	柳州	1879.00	24.00	0.79	8373	57049.00	33.45	160.82	1.91

续表

序号	城市	Z1	Z2	Z3	Z4	Z5	Z6	Z7	Z8
30	洛阳	4820.00	14.00	2.87	18648	49417.00	41.87	120.89	1.35
31	南昌	4411.00	68.00	14.39	35762	70373.00	40.57	113.27	2.62
32	南京	22844.00	123.00	23.22	100788	107545.00	56.49	158.13	1.43
33	南宁	2652.00	66.00	15.50	32772	43303.00	48.51	98.24	6.01
34	南通	12391.00	12.00	15.60	53581	77457.00	44.24	127.70	3.76
35	南阳	1838.00	14.00	6.99	16361	26651.00	35.98	85.74	2.08
36	宁波	43286.00	37.00	7.95	141263	98362.00	44.07	94.22	2.69
37	青岛	14176.00	63.00	7.55	92980	96524.00	51.22	158.87	1.64
38	泉州	11456.00	25.00	1.95	197913	68254.00	35.02	75.53	1.58
39	厦门	8944.00	36.00	39.39	109312	86832.00	54.67	78.98	2.10
40	绍兴	17356.00	20.00	3.59	78161	86136.00	43.56	120.83	3.91
41	深圳	53687.00	51.00	56.89	392096	149495.00	57.39	75.15	2.34
42	沈阳	6661.00	150.00	8.13	67337	85816.00	45.53	156.34	1.99
43	石家庄	4433.00	35.00	9.32	60706	48970.00	43.81	143.37	1.22
44	苏州	54709.00	46.00	35.82	151511	129925.00	48.43	97.67	1.88
45	太原	3646.00	32.00	21.60	25665	59023.00	58.47	74.69	0.95
46	泰安	2626.00	13.00	3.97	16869	53853.00	43.70	124.55	1.21
47	唐山	2636.00	46.00	0.40	17227	80450.00	33.27	147.12	0.77
48	威海	2833.00	7.00	18.98	15948	99392.00	44.01	121.59	1.48

续表

序号	城市	Z1	Z2	Z3	Z4	Z5	Z6	Z7	Z8
49	潍坊	8435.00	14.00	5.96	44565	51826.00	39.66	147.32	1.14
50	温州	24371.00	14.00	5.09	235160	47118.00	50.09	60.75	6.17
51	乌鲁木齐	2362.00	35.00	0.43	35668	70428.00	62.08	170.66	1.44
52	无锡	27937.00	36.00	15.05	90582	126389.00	48.40	111.67	3.33
53	芜湖	8934.00	25.00	5.14	15645	63996.00	28.41	148.74	1.86
54	武汉	16553.00	269.00	14.56	99659	98000.00	49.00	135.00	1.35
55	西安	17271.00	202.00	20.59	115541	63794.00	56.14	83.13	2.06
56	西宁	495.00	13.00	2.71	9475	46762.00	46.70	124.83	0.47
57	咸阳	1110.00	17.00	8.15	11353	41971.00	25.79	106.32	1.56
58	襄阳	1226.00	11.00	3.95	10157	55924.00	29.50	136.64	1.03
59	徐州	8468.00	22.00	12.78	23538	57655.00	45.21	141.95	2.06
60	烟台	4466.00	21.00	16.60	39110	85795.00	39.91	160.75	1.63
61	银川	873.00	8.00	1.73	12123	65942.00	42.17	106.96	0.87
62	榆林	475.00	2.00	0.05	8564	86482.00	27.69	197.22	1.14
63	漳州	2666.00	14.00	3.85	33308	50685.00	36.24	91.36	1.62
64	镇江	12707.00	6.00	12.44	21544	102652.00	46.12	138.30	2.39
65	郑州	12314.00	56.00	18.76	107308	72991.00	46.37	107.19	1.74
66	中山	15048.00	7.00	19.83	83025	88682.00	42.34	66.25	1.95
67	株洲	3306.00	57.00	5.12	13252	54741.00	33.04	62.10	1.27
68	淄博	4711.00	13.00	5.72	28136	87531.00	40.75	180.06	0.76

注：城市以拼音排序；对 Z8（万元 GDP 综合能耗）指标的数据已经倒数转换。

附表 2　DEA 有效城市超效率模型松弛变量表

创新投入指标

序号	城市	X1	X2	X3	X4	X5	X6	X7	X8
1	鞍山	-247011.57	-1.34	-171257.74	-3203.16	0.00	-29.76	-1191.02	-815.39
2	包头	-274390.07	-0.30	-254909.97	-2310.92	0.00	-2.39	-1402.75	-434.52
3	保定	-958388.22	-3.48	-940698.60	-10334.59	-5.10	-64.44	-1112.37	-1921.13
4	长春	-545954.56	-0.77	-147477.65	-7205.15	0.00	-15.29	-465.63	0.00
5	长沙	-688309.99	-0.73	-600161.06	-3383.67	0.00	-29.90	-207.33	0.00
6	常州	-884507.11	-1.51	-829234.08	-3994.94	-35.66	0.00	-692.38	-414.09
7	成都	-994060.71	-0.38	0.00	-28018.14	0.00	-68.85	-569.07	0.00
8	大连	-202785.29	-0.08	0.00	-7868.73	-15.18	-5.65	-638.79	0.00
9	大庆	0.00	-1.63	-4755446.17	-45569.92	-85.76	-316.67	-26556.13	-29516.96
10	东莞	-290746.03	-0.24	-292391.18	-5109.37	0.00	0.00	-559.16	0.00
11	佛山	-2214142.13	-2.16	-2227879.27	-20968.66	0.00	-43.04	-2046.55	-2820.08
12	福州	-434730.20	-0.58	-250615.19	-10330.76	0.00	-15.96	0.00	-587.57
13	广州	-1175967.01	0.00	-19594.23	-35923.66	0.00	-80.39	-464.89	-2503.04
14	贵阳	-2256.35	0.00	0.00	-5531.43	-6.82	-1.56	0.00	-315.53
15	哈尔滨	-381550.06	-0.84	-63313.58	-474.48	-15.31	-34.42	-180.89	0.00

续表

序号	城市	X1	X2	X3	X4	X5	X6	X7	X8
16	海口	-27928.11	-0.74	0.00	-2009.64	-2.52	0.00	-776.73	-1730.92
17	杭州	-532303.29	-0.86	0.00	-12407.97	-155.40	0.00	-214.25	0.00
18	合肥	-642164.58	-1.39	-370243.98	-1014.83	-14.74	0.00	-307.98	0.00
19	衡阳	-112912.96	-0.50	-115688.55	-3134.00	0.00	-12.72	-785.96	-221.66
20	呼和浩特	-103962.54	0.00	-135429.89	-12109.53	-16.36	-20.89	-2073.67	-892.92
21	吉林	-43894.96	-0.03	0.00	0.00	0.00	-8.33	-144.27	-465.98
22	济南	-455322.45	-1.03	-169942.01	-8185.34	-1.12	-21.41	0.00	-654.34
23	济宁	-274950.22	-0.74	-251755.50	-1033.42	0.00	-8.48	-192.13	0.00
24	江门	-238006.39	-1.33	-241314.05	-967.14	0.00	-6.55	-621.65	-1377.10
25	昆明	-41078.00	0.00	-80274.45	-10030.10	-8.46	0.00	-179.93	0.00
26	兰州	-192871.19	-1.17	0.00	-4434.91	0.00	-5.70	-115.24	-11.46
27	廊坊	0.00	0.00	0.00	-2768.06	0.00	-9.65	-553.83	-779.81
28	临沂	-668706.70	-1.79	-643998.32	-3944.20	-5.63	-37.64	-613.84	-244.32
29	柳州	-41823.02	-0.63	-36152.27	0.00	-0.94	-4.43	-310.52	-278.89
30	洛阳	0.00	0.00	-5209.36	-1044.86	0.00	0.00	-63.09	-472.35
31	南昌	0.00	0.00	-114729.65	-3361.90	0.00	0.00	0.00	-87.32
32	南京	-1030424.95	-1.54	0.00	-14775.35	-36.50	-13.19	-560.97	-620.82
33	南宁	-112195.24	-0.10	0.00	-8771.67	0.00	0.00	-461.94	-615.70
34	南通	-680556.65	-1.16	-655464.10	-4235.05	-10.45	-6.62	-141.39	0.00

续表

序号	城市	X1	X2	X3	X4	X5	X6	X7	X8
35	南阳	-271266.47	-0.98	-261307.77	-2520.23	0.00	-25.75	-1028.57	0.00
36	宁波	-573021.95	-0.27	-532660.09	-10508.10	-0.35	-6.37	-478.97	-663.03
37	青岛	-1707039.62	-1.33	-1343541.29	-7308.43	-50.30	-19.04	-763.37	-5436.35
38	泉州	-410869.60	-0.35	-374382.03	-6863.32	0.00	-49.03	-107.18	-1092.50
39	绍兴	-846331.13	-1.97	-868428.87	-11029.29	-7.35	-32.68	-1251.40	-2694.55
40	深圳	-4998629.08	-1.92	-4482768.51	-37945.94	-36.54	-90.72	-1712.22	-1270.94
41	沈阳	-228359.91	-0.04	-50898.39	-6025.45	0.00	-6.62	-497.26	0.00
42	石家庄	-70476.92	-0.31	-276262.94	-1208.01	-10.24	-8.83	0.00	-43.47
43	苏州	-1221418.29	0.00	-957613.11	-14745.07	-154.30	-22.76	-515.44	-273.03
44	太原	-11760.88	-1.05	-86184.95	-5884.49	0.00	0.00	0.00	-1098.72
45	泰安	-421532.91	-1.42	-326950.18	0.00	-2.24	-4.91	-9.58	0.00
46	唐山	-529693.08	-0.71	-501207.53	-6507.40	-12.45	-12.63	-950.80	-342.45
47	威海	-404478.93	-1.57	-404533.95	-60.49	0.00	-1.39	-90.97	-1340.82
48	潍坊	-446878.59	-1.13	-440779.58	0.00	0.00	-14.08	-2.27	-3729.47
49	温州	-167266.56	-0.35	-135600.20	-7415.34	0.00	-17.53	-534.90	-1255.49
50	乌鲁木齐	-25116.14	-0.10	0.00	-811.16	-3.73	0.00	-168.06	-808.41
51	无锡	-1417529.58	-0.69	-1333351.38	-11688.31	-19.84	-19.12	-1126.41	-4.52
52	芜湖	-327245.32	-1.60	-251374.51	0.00	-7.40	-11.50	-736.83	0.0053
53	武汉	-933868.79	-0.89	-502804.00	0.00	-3.53	-15.93	-233.67	-1014.40

续表

序号	城市	X1	X2	X3	X4	X5	X6	X7	X8
54	西安	-1565258.82	-3.39	-241802.97	-2179.76	-44.45	-35.16	-305.62	-834.32
55	西宁	-16854.83	-0.35	0.00	-2087.99	-0.80	0.00	-106.11	-309.78
56	厦门	-49997.11	-1.31	0.00	0.00	-10.85	0.00	-884.50	-1548.56
57	咸阳	0.00	-0.08	-5537.88	-1331.92	0.00	-47.56	-1171.69	-1244.26
58	襄阳	-551991.77	-1.76	-562669.83	-767.72	-3.87	-8.44	-683.46	0.00
59	徐州	-678976.30	-1.13	-618024.50	-2629.34	-2.18	-28.45	-247.20	0.00
60	烟台	-1187524.98	-1.66	-1091244.24	-2855.58	0.00	-6.95	-1009.05	0.00
61	银川	-346418.31	-2.28	-239726.36	-9837.32	-3.62	0.00	-3585.50	-3958.96
62	榆林	-25111779.26	-87.60	-25145372.24	-4504013.26	-0.99	-13868.24	-640273.55	-1286952.38
63	漳州	-420114.97	-1.69	-411215.46	-1085.61	0.00	-29.88	-1036.54	-1730.48
64	镇江	-381197.87	-1.15	-285515.62	-1763.44	-38.53	0.00	0.00	0.00
65	郑州	-230727.64	-0.07	-184716.52	-10619.35	0.00	-35.01	0.00	0.00
66	中山	-630940.78	-2.19	-649798.36	-2539.67	0.00	0.00	-1027.79	-2371.76
67	株洲	-197291.18	-1.02	-136776.65	0.00	-2.80	-0.67	-503.92	-13.78
68	淄博	-315037.24	-0.70	-290616.90	0.00	-5.28	-8.07	-220.01	-82.15

创新环境指标

序号	城市	Y1	Y2	Y3	Y4	Y5	Y6	Y7	Y8
1	鞍山	-0.56	-819.04	-79.86	-98.10	-2870.81	0.00	0.00	0.00
2	包头	-0.16	-389.59	0.00	-239.04	-3700.73	-49.70	0.00	0.00
3	保定	-1.75	0.00	-124.97	-155.87	-20173.27	-509.78	-3.83	0.00
4	长春	-7.28	-1012.40	-42.78	-106.52	-15540.36	-5448.67	0.00	0.00
5	长沙	-3.59	0.00	-11.89	-420.57	-15153.16	-943.55	-0.02	-0.07
6	常州	-17.22	-1606.40	0.00	-151.18	-3285.84	-45.13	0.00	-0.18
7	成都	-2.19	-1150.81	-64.28	0.00	-21006.19	-983.01	0.00	-0.04
8	大连	-4.65	0.00	-40.50	0.00	-4523.41	0.00	0.00	-0.30
9	大庆	-17.15	-8592.64	-714.41	-3611.53	-63599.72	-2195.54	-11.88	-0.16
10	东莞	-2.85	-290.21	-55.21	0.00	-1239.91	-21.60	-0.08	0.00
11	佛山	-12.79	-457.93	-52.46	0.00	-675.10	0.00	0.00	-0.08
12	福州	-0.77	0.00	-41.66	-6.86	-11794.32	-2231.41	-0.18	0.00
13	广州	-5.74	-1109.99	-177.07	-540.88	-45349.72	-7833.25	0.00	-0.03
14	贵阳	-1.08	-403.47	0.00	-199.97	-6976.89	-686.67	-0.83	-0.35
15	哈尔滨	-6.47	0.00	-82.02	0.00	-15291.81	-3018.49	-0.16	0.00
16	海口	0.00	-78.84	-48.04	-714.48	-4858.43	-33.80	0.00	0.00
17	杭州	-14.97	-1067.22	-212.42	-154.73	-11488.25	0.00	-0.14	-0.15
18	合肥	0.00	0.00	-73.12	-314.68	-5147.50	-2716.41	0.00	-0.24

续表

序号	城市	Y1	Y2	Y3	Y4	Y5	Y6	Y7	Y8
19	衡阳	0.00	-24.41	0.00	-181.77	-9579.73	-247.23	-2.98	0.00
20	呼和浩特	-4.04	0.00	-17.58	-1081.10	-16117.60	-1709.84	0.00	0.00
21	吉林	0.00	-346.16	-26.71	-13.56	-317.38	-85.29	0.00	-0.14
22	济南	-0.23	-114.82	0.00	-542.03	-22234.10	-4403.98	0.00	0.00
23	济宁	-3.84	-316.92	0.00	0.00	-628.69	-159.20	0.00	-0.07
24	江门	-0.76	-88.80	0.00	0.00	-209.88	-22.91	0.00	-0.08
25	昆明	-7.57	-79.69	-47.02	-124.69	-15313.75	-2763.48	-0.23	-0.15
26	兰州	-2.68	-273.25	-14.13	-681.40	-7119.13	-3858.43	-0.02	0.00
27	廊坊	-0.61	-75.47	-52.13	-74.20	-3293.86	-662.85	0.00	0.00
28	临沂	-3.42	-405.05	0.00	0.00	-1307.77	-213.43	-0.44	0.00
29	柳州	-0.01	-48.29	0.00	0.00	0.00	-70.50	0.00	0.00
30	洛阳	-1.74	-424.40	-0.38	-33.79	-2438.98	-102.92	-0.01	-0.05
31	南昌	-3.33	0.00	-28.92	-560.94	-17557.18	-46.52	-0.09	-0.03
32	南京	-19.23	0.00	-14.65	-391.91	-36241.52	-5582.84	0.00	-0.26
33	南宁	-2.01	-437.89	-6.20	-119.20	-12544.18	-2764.21	0.00	-0.06
34	南通	-5.00	0.00	0.00	0.00	-959.31	0.00	0.00	-0.08
35	南阳	-1.42	-188.48	-23.96	0.00	-2196.93	-82.77	-2.47	-0.25
36	宁波	-1.22	0.00	0.00	0.00	0.00	-115.87	0.00	-0.18
37	青岛	-10.12	0.00	0.00	0.00	-6369.59	-1912.60	0.00	-0.04

续表

序号	城市	Y1	Y2	Y3	Y4	Y5	Y6	Y7	Y8
38	泉州	-1.38	0.00	-69.69	0.00	-2768.84	0.00	0.00	-0.07
56	厦门	-1.51	0.00	-35.54	-121.41	-1787.61	-30.89	-0.71	-0.30
39	绍兴	0.00	0.00	0.00	-103.22	-2962.14	-11.22	0.00	-0.34
40	深圳	-5.47	-724.98	-125.65	0.00	-1269.31	-1167.83	-0.19	-0.35
41	沈阳	-1.97	0.00	0.00	0.00	-3366.20	-815.65	0.00	-0.12
42	石家庄	-2.81	-118.53	-15.44	0.00	-10844.35	-19.52	-0.18	0.00
43	苏州	-18.12	-630.72	0.00	0.00	-2418.04	-425.78	0.00	-0.14
44	太原	-2.60	-626.41	0.00	-489.79	-13629.14	-523.21	0.00	-0.36
45	泰安	-0.02	0.00	0.00	0.00	-613.46	-169.88	0.00	-0.02
46	唐山	-0.12	0.00	-25.74	-53.08	-2506.67	0.00	0.00	0.00
47	威海	-2.78	0.00	-0.61	-116.47	-1323.48	0.00	0.00	-0.21
48	潍坊	-2.87	-178.13	0.00	-20.51	-4138.60	0.00	-0.50	-0.03
49	温州	0.00	-126.64	0.00	0.00	-1585.84	-78.46	0.00	0.00
50	乌鲁木齐	-3.88	-143.38	-9.34	0.00	-715.96	-1099.43	-0.11	-0.14
51	无锡	-12.41	-699.94	0.00	0.00	-2211.40	-475.48	0.00	-0.07
52	芜湖	-0.91	0.00	-66.47	-230.84	-4491.00	0.00	0.00	-1.31
53	武汉	-6.98	-2123.19	0.00	-189.27	-19953.75	-456.22	0.00	-0.25
54	西安	-9.31	-2498.14	-80.53	-331.18	-20070.59	0.00	0.00	0.00
55	西宁	-2.54	-25.10	-16.85	0.00	0.00	-439.25	-1.18	0.00

序号	城市	Y1	Y2	Y3	Y4	Y5	Y6	Y7	Y8
57	咸阳	-3.39	-321.01	-57.98	-304.69	-4966.82	-19.15	-2.23	0.00
58	襄阳	-3.15	-691.52	-10.69	-6.42	0.00	-81.88	0.00	-0.57
59	徐州	-4.55	0.00	0.00	-45.00	-4486.17	-118.34	0.00	-0.18
60	烟台	-4.15	0.00	0.00	0.00	-2769.02	-521.37	0.00	-0.08
61	银川	-2.62	-122.54	-25.96	-939.61	-14666.62	-720.58	-2.11	-0.59
62	榆林	0.00	-17268.98	-5895.19	-48598.41	-849272.59	0.00	-3176.61	-178.01
63	漳州	0.00	-432.34	-52.83	-167.43	-4956.65	-152.55	0.00	-0.10
64	镇江	-6.55	0.00	0.00	-90.10	-2182.11	-23.99	0.00	-0.12
65	郑州	-3.59	-324.65	-35.42	-591.08	-44144.39	-663.76	0.00	0.00
66	中山	-2.02	-323.50	-0.48	-79.36	-705.61	0.00	0.00	-0.33
67	株洲	0.00	0.00	-25.99	-63.31	-468.18	0.00	0.00	-0.10
68	淄博	-2.83	-39.55	-3.56	-69.78	-2560.46	0.00	0.00	0.00

创新产出指标

序号	城市	Z1	Z2	Z3	Z4	Z5	Z6	Z7	Z8
1	鞍山	0.00	-7.36	0.00	0.00	0.00	-5.57	-12.88	0.00
2	包头	0.00	-10.85	0.00	0.00	-61482.55	-4.96	-28.97	0.00
3	保定	-2951.12	-23.56	-0.80	-35533.46	0.00	-3.88	0.00	-0.37
4	长春	0.00	-41.10	0.00	0.00	0.00	0.00	-55.26	0.00
5	长沙	0.00	-69.74	0.00	0.00	-8770.21	0.00	0.00	0.00
6	常州	-1842.84	0.00	-5.41	0.00	-17421.37	-5.11	-2.35	0.00
7	成都	-20292.99	-61.25	-18.11	-94227.12	0.00	0.00	0.00	0.00
8	大连	0.00	-2.79	0.00	0.00	0.00	-3.78	0.00	0.00
9	大庆	-1340.00	-15.00	-0.18	0.00	-60036.00	0.00	0.00	0.00
10	东莞	-9644.30	-9.27	-36.86	-51937.38	0.00	-13.64	0.00	-0.17
11	佛山	-20268.74	-6.12	-5.31	-144633.90	-31407.40	0.00	0.00	-0.76
12	福州	0.00	0.00	0.00	0.00	0.00	0.00	-3.65	0.00
13	广州	-3615.25	-122.14	0.00	-319801.28	0.00	-24.34	0.00	0.00
14	贵阳	0.00	-22.90	0.00	0.00	0.00	0.00	0.00	0.00
15	哈尔滨	0.00	-141.71	0.00	0.00	0.00	0.00	0.00	0.00
16	海口	0.00	-11.87	-18.57	-12230.26	0.00	-31.80	0.00	-0.75
17	杭州	0.00	-87.03	0.00	-63542.49	-73.80	-2.35	-4.43	0.00
18	合肥	-2371.70	-7.13	0.00	0.00	0.00	0.00	-12.42	-4.90

续表

序号	城市	Z1	Z2	Z3	Z4	Z5	Z6	Z7	Z8
19	衡阳	0.00	-0.92	-6.77	0.00	0.00	-6.46	0.00	0.00
20	呼和浩特	0.00	-18.11	-8.05	-6558.50	-32678.19	-28.41	-35.32	0.00
21	吉林	0.00	-44.39	0.00	-2135.02	0.00	-7.82	-27.66	-0.42
22	济南	0.00	0.00	0.00	0.00	0.00	-6.07	0.00	0.00
23	济宁	-747.02	-4.35	0.00	0.00	0.00	-2.76	0.00	0.00
24	江门	-4817.83	0.00	-6.87	-27251.11	0.00	-10.22	0.00	-0.73
25	昆明	0.00	-60.20	0.00	-15326.97	0.00	0.00	0.00	0.00
26	兰州	0.00	-53.24	0.00	0.00	0.00	-4.82	0.00	0.00
27	廊坊	-1397.64	-1.31	-2.41	-11207.08	0.00	-12.48	0.00	-0.04
28	临沂	-2036.20	0.00	-2.74	-44534.70	0.00	-14.29	0.00	0.00
29	柳州	-198.84	-11.48	0.00	0.00	0.00	0.00	-13.86	-0.84
30	洛阳	0.00	-1.75	0.00	0.00	0.00	-3.45	0.00	0.00
31	南昌	0.00	-7.10	0.00	0.00	-37.01	0.00	0.00	0.00
32	南京	-7815.12	-84.37	-3.37	0.00	-1763.04	0.00	-21.03	0.00
33	南宁	0.00	-35.36	-4.56	0.00	0.00	0.00	0.00	-4.06
34	南通	-2009.24	0.00	-9.01	0.00	0.00	-4.93	0.00	-1.37
35	南阳	-741.75	-6.78	-1.37	-6195.55	0.00	-2.16	0.00	-0.80
36	宁波	-21835.84	0.00	0.00	-10763.01	-19374.64	0.00	0.00	0.00
37	青岛	0.00	-5.42	0.00	0.00	-21913.59	-0.49	-40.09	0.00

续表

序号	城市	Z1	Z2	Z3	Z4	Z5	Z6	Z7	Z8
38	泉州	-9489.65	-5.21	0.00	-186240.98	-3802.50	0.00	0.00	-0.40
56	厦门	0.00	0.00	-13.80		-11874.25	-8.45	0.00	0.00
39	绍兴	-11643.79	-13.88	-0.07	-58874.56	0.00	-8.45	0.00	-2.26
40	深圳	-31116.48	-31.74	-31.94	-241776.82	-67579.70	-11.29	0.00	0.00
41	沈阳	0.00	-41.93	0.00	0.00	0.00	0.00	-16.90	0.00
42	石家庄	2904.16	11.82	2.76	0.00	37162.29	0.00	0.00	0.27
43	苏州	-26128.09	0.00	-18.40	-26624.29	-6597.49	0.00	0.00	0.00
44	太原	6612.95	0.00	2.77	51108.25	4706.60	0.00	13.29	1.96
45	秦安	0.00	0.00	0.00	0.00	0.00	-5.90	0.00	0.00
46	唐山	0.00	-31.12	0.00	0.00	0.00	-2.35	-10.97	0.00
47	威海	-2006.54	0.00	-18.67	-5853.85	0.00	-7.35	0.00	-0.49
48	潍坊	2497.82	0.00	0.00	38674.36	29833.80	0.00	0.00	1.32
49	温州	-17723.22	-0.48	0.00	-193351.81	0.00	-13.25	0.00	-4.02
50	乌鲁木齐	0.00	0.00	0.00	-989.74	0.00	-13.16	-28.02	0.00
51	无锡	-12244.45	-19.79	-8.52	-36747.14	-32490.48	-2.24	0.00	-0.35
52	芜湖	-7158.02	-11.80	0.00	-3614.36	0.00	0.00	-7.30	-0.64
53	武汉	0.00	-145.86	0.00	0.00	0.00	0.00	0.00	0.00
54	西安	0.00	-82.44	0.00	0.00	0.00	0.00	0.00	0.00
55	西宁	0.00	-4.87	0.00	0.00	0.00	-6.67	0.00	0.00

续表

序号	城市	Z1	Z2	Z3	Z4	Z5	Z6	Z7	Z8
57	咸阳	0.00	-8.20	-0.81	-710.89	0.00	0.00	0.00	-0.24
58	襄阳	-122.97	0.00	-1.22	0.00	0.00	0.00	-22.43	0.00
59	徐州	-5365.10	-15.74	-7.28	-10732.31	0.00	-10.54	0.00	-0.60
60	烟台	0.00	0.00	-9.00	0.00	0.00	0.00	-32.41	-0.11
61	银川	-535.78	0.00	0.00	-4839.04	-31097.99	-3.09	-1.46	-0.56
62	榆林	0.00	0.00	0.00	0.00	-19783.59	0.00	-82.81	-0.02
63	漳州	-2185.49	-11.95	-3.75	-24734.04	0.00	-8.50	0.00	-0.48
64	镇江	-8141.38	0.00	-0.49	0.00	-4596.51	-2.08	-14.57	-0.73
65	郑州	0.00	-9.97	-0.26	0.00	0.00	-1.13	-17.33	0.00
66	中山	-14299.10	-2.76	-19.52	-73803.77	-6198.59	-11.34	0.00	-0.81
67	株洲	-1598.03	-45.49	0.00	-2601.82	0.00	-1.79	0.00	-0.02
68	淄博	0.00	0.00	0.00	0.00	0.00	0.00	-42.31	0.00

附表 3　DEA 有效城市超效率模型松弛变量与原数据百分比（%）

创新投入指标

序号	城市	X1	X2	X3	X4	X5	X6	X7	X8
1	鞍山	-68.39	-89.02	-52.28	-71.25	—	-137.35	-94.45	-45.19
2	包头	-63.89	-25.79	-63.45	-53.40	—	-16.64	-83.10	-28.88
3	保定	-205.68	-206.02	-205.51	-142.36	-170.12	-175.40	-124.15	-127.14
4	长春	-54.10	-40.96	-27.93	-44.48	0.00	-33.79	-22.34	0.00
5	长沙	-40.24	-33.54	-47.37	-15.77	0.00	-36.79	-9.04	0.00
6	常州	-69.14	-58.00	-67.15	-34.59	-96.39	0.00	-42.61	-16.64
7	成都	-45.28	-17.44	0.00	-60.16	0.00	-50.98	-21.85	0.00
8	大连	-14.91	-4.38	0.00	-36.53	-47.42	-12.07	-23.78	0.00
9	大庆	0.00	—	-1706.04	-1559.43	-1715.25	-1642.50	-1674.41	-1642.82
10	东莞	-25.06	-12.04	-25.41	-34.32	—	0.00	-25.83	0.00
11	佛山	-120.54	-89.25	-121.79	-111.11	—	-92.91	-88.18	-84.96
12	福州	-48.65	-33.79	-37.39	-52.98	0.00	-33.47	0.00	-20.99
13	广州	-35.21	0.00	-1.02	-60.17	0.00	-57.05	-16.10	-50.75
14	贵阳	-0.78	0.00	0.00	-40.81	-62.01	-6.95	0.00	-13.69
15	哈尔滨	-33.90	-39.86	-11.81	-2.94	-54.68	-44.57	-9.32	0.00

续表

序号	城市	X1	X2	X3	X4	X5	X6	X7	X8
16	海口	-24.13	-69.62	0.00	-32.93	-62.95	0.00	-50.90	-69.32
17	杭州	-19.43	-28.73	0.00	-28.01	-85.38	0.00	-7.87	0.00
18	合肥	-40.05	-44.59	-41.75	-5.86	-47.53	0.00	-15.39	0.00
19	衡阳	-82.22	-86.86	-84.24	-93.65	—	-71.84	-95.27	-24.63
20	呼和浩特	-67.05	0.00	-87.35	-122.69	-163.59	-118.09	-110.36	-60.10
21	吉林	-31.17	-5.30	0.00	0.00	0.00	-36.31	-11.86	-27.56
22	济南	-37.77	-49.31	-19.36	-40.42	-3.30	-37.76	0.00	-22.81
23	济宁	-46.94	-47.96	-44.84	-16.84	—	-28.72	-15.83	0.00
24	江门	-67.06	-78.40	-68.86	-18.11	—	-31.41	-42.40	-51.14
25	昆明	-14.10	0.00	-27.75	-48.26	-60.45	0.00	-9.64	0.00
26	兰州	-52.00	-63.09	0.00	-36.26	0.00	-22.68	-8.49	-0.57
27	廊坊	0.00	0.00	0.00	-42.84	0.00	-38.95	-41.18	-38.36
28	临沂	-104.57	-100.13	-104.23	-54.65	-112.69	-81.58	-54.76	-19.33
29	柳州	-11.76	-39.34	-10.64	0.00	-93.67	-23.16	-20.26	-14.67
30	洛阳	0.00	0.00	-1.55	-17.29	—	0.00	-4.69	-21.09
31	南昌	0.00	0.00	-28.89	-24.67	0.00	0.00	0.00	-3.83
32	南京	-39.20	-51.76	0.00	-41.28	-66.37	-22.30	-19.36	-22.47
33	南宁	-43.47	-12.68	0.00	-61.96	0.00	0.00	-26.76	-23.93
34	南通	-48.16	-46.27	-48.55	-31.44	-52.26	-17.78	-9.99	0.00

续表

序号	城市	X1	X2	X3	X4	X5	X6	X7	X8
35	南阳	-110.89	-107.40	-109.85	-58.48	—	-90.87	-85.50	0.00
36	宁波	-17.38	0.00	0.00	0.00	0.00	-15.49	0.00	-32.46
37	青岛	-69.88	-47.32	-69.80	-34.65	-78.59	-30.98	-30.58	-70.52
38	泉州	-63.21	-31.20	-59.78	-65.66	0.00	-82.25	-10.14	-49.83
39	厦门	-5.19	-44.48	0.00	0.00	-63.83	0.00	-31.27	-40.39
40	绍兴	-94.37	-93.58	-96.83	-89.11	-52.53	-92.77	-79.05	-86.64
41	深圳	-77.74	-47.78	-76.19	-68.78	-83.04	-70.00	-43.73	-30.98
42	沈阳	-16.57	-2.16	-6.78	-26.98	0.00	-10.64	-20.08	0.00
43	石家庄	-12.04	-27.13	-47.62	-8.49	-56.90	-18.31	0.00	-2.16
44	苏州	-33.88	0.00	-30.54	-38.12	-80.36	-29.84	-17.09	-9.79
45	太原	-1.93	-43.83	-13.56	-32.77	0.00	0.00	0.00	-31.32
46	泰安	-62.94	-63.50	-52.70	0.00	-44.81	-21.25	-0.74	0.00
47	唐山	-75.52	-62.78	-71.46	-58.91	-103.79	-32.05	-58.40	-19.31
48	威海	-71.67	-77.83	-73.24	-1.45	—	-9.34	-8.30	-52.57
49	潍坊	-37.33	-45.06	-38.24	0.00	0.00	-29.75	-0.16	-63.95
50	温州	-25.83	-23.14	-22.73	-48.91	0.00	-37.07	-30.46	-43.54
51	乌鲁木齐	-13.72	-13.66	0.00	-7.56	-41.45	0.00	-11.49	-31.09
52	无锡	-63.28	-25.17	-62.42	-56.96	-48.40	-45.25	-45.97	-0.19
53	芜湖	-53.48	-60.49	-47.54	0.00	-92.48	-40.72	-42.67	0.00

续表

序号	城市	X1	X2	X3	X4	X5	X6	X7	X8
54	武汉	-31.83	-30.44	-29.13	0.00	-10.70	-17.61	-8.59	-26.89
55	西安	-54.52	-64.83	-27.32	-8.18	-62.61	-33.78	-12.79	-25.90
56	西宁	-18.29	-40.37	0.00	-32.46	-39.77	0.00	-9.45	-16.80
57	咸阳	0.00	-26.52	-8.26	-46.45	—	-127.97	-103.87	-96.22
58	襄阳	-90.54	-90.28	-92.29	-19.23	-129.00	-37.68	-47.27	0.00
59	徐州	-78.16	-64.52	-77.66	-37.50	-27.19	-65.95	-24.14	0.00
60	烟台	-70.25	-58.94	-67.07	-28.10	0.00	-17.11	-42.90	0.00
61	银川	-221.78	-203.98	-225.36	-169.76	-180.77	0.00	-213.80	-191.55
62	榆林	-97601.07	-97328.20	-97730.49	-98903.44	—	-98847.05	-98807.65	-98863.25
63	漳州	-145.78	-146.86	-145.59	-29.86	-107.02	-105.38	-95.27	-88.48
64	镇江	-46.88	-46.05	-39.76	-28.37	0.00	0.00	0.00	0.00
65	郑州	-21.88	-4.24	-22.80	-42.78	—	-43.09	0.00	0.00
66	中山	-96.61	-94.59	-97.88	-39.81		0.00	-63.37	-69.73
67	株洲	-60.52	-67.41	-39.36	0.00	-69.98	-3.68	-33.68	-0.95
68	淄博	-40.77	-36.29	-39.91	0.00	-66.01	-29.73	-14.09	-4.49

创新环境指标

序号	城市	Y1	Y2	Y3	Y4	Y5	Y6	Y7	Y8
1	鞍山	-56.29	-147.84	-177.46	-97.85	-134.91	—	0.00	0.00
2	包头	-16.14	-74.92	0.00	-95.12	-81.93	-93.77	0.00	0.00
3	保定	-174.54	0.00	-201.56	-111.11	-192.16	-165.51	-121.33	0.00
4	长春	-72.83	-64.98	-48.61	-19.39	-60.15	-79.81	0.00	0.00
5	长沙	-35.92	0.00	-12.78	-56.16	-46.35	-29.16	-1.15	-24.78
6	常州	-114.82	-117.77	0.00	-65.41	-62.52	-90.26	0.00	-41.50
7	成都	-16.83	-66.75	-35.32	0.00	-44.09	-20.80	0.00	-15.72
8	大连	-35.74	0.00	-44.02	0.00	-24.74	0.00	0.00	-53.09
9	大庆	-1715.17	-1711.68	-1700.98	-1692.22	-1692.38	-1715.27	-1350.49	-815.27
10	东莞	-40.71	-38.44	-58.11	0.00	-39.39	0.00	-3.73	0.00
11	佛山	-127.85	-71.89	-81.97	0.00	-37.30	-135.02	0.00	-41.44
12	福州	-25.52	0.00	-46.81	-1.59	-60.06	-84.40	-7.83	0.00
13	广州	-30.22	-46.62	-71.98	-69.41	-79.29	-87.12	0.00	-8.75
14	贵阳	-36.11	-61.50	0.00	-25.35	-42.04	-38.84	-25.88	-70.66
15	哈尔滨	-53.92	0.00	-60.76	0.00	-47.08	-65.92	-7.70	0.00
16	海口	0.00	-61.12	-87.34	-87.08	-54.63	-9.60	0.00	0.00
17	杭州	-62.37	-57.38	-72.01	-28.98	-40.64	0.00	-7.03	-26.30
18	合肥	0.00	0.00	-48.75	-48.70	-21.00	-56.52	0.00	-42.93

续表

序号	城市	Y1	Y2	Y3	Y4	Y5	Y6	Y7	Y8
19	衡阳	—	-23.70	0.00	-126.12	-159.88	-167.04	-112.87	0.00
20	呼和浩特	-134.70	0.00	-76.42	-140.93	-131.60	-150.91	0.00	0.00
21	吉林	0.00	-76.41	-59.36	-5.60	-5.79	-30.79	0.00	-58.43
22	济南	-3.30	-18.46	0.00	-54.69	-72.24	-89.22	0.00	0.00
23	济宁	-76.83	-66.03	0.00	0.00	-12.01	-59.40	0.00	-32.75
24	江门	-76.00	-37.47	0.00	0.00	-11.92	-73.91	0.00	-32.86
25	昆明	-75.67	-26.48	-65.31	-20.15	-59.14	-70.19	-10.18	-44.73
26	兰州	-66.98	-54.00	-26.17	-60.29	-46.39	-84.89	-0.62	0.00
27	廊坊	-60.99	-37.74	-80.21	-37.21	-61.46	-96.48	0.00	0.00
28	临沂	-114.11	-108.30	0.00	0.00	-39.11	-94.02	-14.58	0.00
29	柳州	-0.72	-14.16	0.00	0.00	0.00	-63.52	0.00	-1.26
30	洛阳	-57.93	-58.54	-1.80	-18.16	-42.22	-69.54	-0.39	-19.96
31	南昌	-47.54	0.00	-34.84	-53.02	-55.44	-2.59	-4.11	-14.92
32	南京	-76.91	0.00	-18.31	-39.98	-75.90	-81.11	0.00	-50.63
33	南宁	-66.96	-63.83	-13.48	-23.13	-68.02	-92.08	0.00	-26.14
34	南通	-49.95	0.00	0.00	0.00	-19.42	0.00	0.00	-21.38
35	南阳	-142.02	-108.95	-104.16	0.00	-53.86	-72.61	-68.37	-99.08
36	宁波	-32.63	-11.76	-33.31	-39.04	-1.51	-11.84	-20.79	-18.43
37	青岛	-67.47	0.00	0.00	0.00	-34.27	-58.67	0.00	-13.97

序号	城市	Y1	Y2	Y3	Y4	Y5	Y6	Y7	Y8
38	泉州	-69.17	0.00	-86.04	0.00	-41.69	0.00	0.00	-36.53
39	厦门	-21.58	0.00	-34.51	-29.21	-18.19	-4.26	-26.15	-57.33
40	绍兴	0.00	0.00	0.00	-63.67	-75.72	-50.99	0.00	-80.11
41	深圳	-39.05	-50.52	-63.46	0.00	-28.45	-93.35	-9.21	-59.45
42	沈阳	-19.69	0.00	0.00	0.00	-12.56	-18.39	0.00	-33.71
43	石家庄	-46.77	-18.93	-20.32	0.00	-46.46	-1.72	-7.69	0.00
44	苏州	-50.34	-30.60	0.00	0.00	-21.37	-32.30	0.00	-25.86
45	太原	-37.17	-55.43	0.00	-52.52	-59.94	-38.13	0.00	-64.05
46	泰安	-1.53	0.00	0.00	0.00	-11.34	-62.00	0.00	-14.73
47	唐山	-11.92	0.00	-42.90	-37.27	-47.46	0.00	0.00	0.00
48	威海	-92.82	0.00	-4.37	-50.85	-38.78	0.00	0.00	-60.86
49	潍坊	-47.86	-35.63	0.00	-13.38	-49.98	0.00	-16.98	-11.16
50	温州	0.00	-36.92	0.00	0.00	-31.36	-40.86	0.00	0.00
51	乌鲁木齐	-55.48	-49.10	-20.76	0.00	-6.45	-43.68	-4.07	-42.27
52	无锡	-62.04	-47.26	0.00	0.00	-36.53	-102.25	0.00	-16.04
53	芜湖	-45.38	0.00	-75.53	-66.03	-67.60	0.00	0.00	-87.70
54	武汉	-31.72	-69.77	0.00	-20.34	-34.82	-8.39	0.00	-43.56
55	西安	-51.70	-70.75	-41.51	-37.28	-42.92	0.00	0.00	0.00
56	西宁	-84.77	-33.92	-51.05	0.00	0.00	-75.09	-36.28	0.00

续表

序号	城市	Y1	Y2	Y3	Y4	Y5	Y6	Y7	Y8
57	咸阳	-169.44	-137.77	-144.94	-123.90	-88.46	-25.20	-77.19	0.00
58	襄阳	-105.01	-97.26	-48.61	-6.84	0.00	-71.83	0.00	-95.71
59	徐州	-75.76	0.00	0.00	-28.29	-58.01	-67.24	0.00	-52.45
60	烟台	-59.32	0.00	0.00	0.00	-31.10	-70.94	0.00	-26.84
61	银川	-130.77	-175.05	-123.63	-213.92	-222.02	-154.96	-110.61	-217.81
62	榆林	—	-95938.80	-98253.14	-98797.35	-98752.63	—	-98959.70	-98896.48
63	漳州	—	-148.57	-139.03	-119.45	-131.37	-154.09	0.00	-55.23
64	镇江	-81.83	0.00	0.00	-33.93	-40.99	-44.42	0.00	-33.11
65	郑州	-44.87	-35.52	-30.53	-70.77	-80.20	-44.58	0.00	0.00
66	中山	-100.79	-79.68	-3.73	-63.40	-42.95	—	0.00	-71.44
67	株洲	0.00	0.00	-56.49	-28.08	-10.70	0.00	0.00	-48.99
68	淄博	-56.58	-8.75	-9.88	-33.59	-47.99	0.00	0.00	0.00

创新产出指标

序号	城市	Z1	Z2	Z3	Z4	Z5	Z6	Z7	Z8
1	鞍山	0.00	-56.58	0.00	0.00	0.00	-12.68	-11.23	0.00
2	包头	0.00	-49.30	0.00	0.00	-47.05	-10.35	-20.61	0.00
3	保定	-87.18	-84.15	-38.73	-80.13	0.00	-10.95	0.00	-26.12
4	长春	0.00	-46.18	0.00	0.00	0.00	0.00	-28.19	0.00
5	长沙	0.00	-46.19	0.00	0.00	-8.14	0.00	0.00	0.00
6	常州	-10.15	0.00	-58.07	0.00	-16.68	-10.64	-1.84	0.00
7	成都	-63.54	-30.63	-54.69	-51.29	0.00	0.00	0.00	0.00
8	大连	0.00	-4.22	0.00	0.00	0.00	-8.23	0.00	0.00
9	大庆	-73.83	-88.24	-78.26	0.00	-40.98	0.00	0.00	0.00
10	东莞	-47.42	-44.13	-85.49	-41.54	0.00	-26.15	0.00	-9.45
11	佛山	-93.37	-38.22	-84.68	-93.01	-30.25	0.00	0.00	-40.44
12	福州	0.00	0.00	0.00	0.00	0.00	0.00	0.00	0.00
13	广州	-12.85	-67.48	0.00	-73.05	0.00	-37.31	-3.25	0.00
14	贵阳	0.00	-40.18	0.00	0.00	0.00	0.00	0.00	0.00
15	哈尔滨	0.00	-72.30	0.00	0.00	0.00	0.00	0.00	0.00
16	海口	0.00	-47.47	-73.83	-49.36	0.00	-42.48	0.00	-41.26
17	杭州	0.00	-56.51	0.00	-26.49	-0.07	-4.25	-3.97	0.00
18	合肥	-18.64	-7.35	0.00	0.00	0.00	0.00	-8.94	-79.59

续表

序号	城市	Z1	Z2	Z3	Z4	Z5	Z6	Z7	Z8
19	衡阳	0.00	-8.40	-70.07	0.00	0.00	-16.89	0.00	0.00
20	呼和浩特	0.00	-64.69	-83.04	-28.69	-34.05	-42.81	-22.10	0.00
21	吉林	0.00	-79.27	0.00	-16.15	0.00	-18.34	-20.40	-25.82
22	济南	0.00	0.00	0.00	0.00	0.00	-10.88	0.00	0.00
23	济宁	-16.30	-29.00	0.00	0.00	0.00	-6.97	0.00	0.00
24	江门	-87.06	0.00	-96.55	-74.29	0.00	-23.85	0.00	-40.43
25	昆明	0.00	-67.64	0.00	-20.42	0.00	0.00	0.00	0.00
26	兰州	0.00	-64.14	0.00	0.00	0.00	-8.58	0.00	0.00
27	廊坊	-64.83	-10.05	-54.84	-53.45	0.00	-29.36	0.00	-3.23
28	临沂	-69.69	0.00	-57.23	-79.63	0.00	-32.28	0.00	0.00
29	柳州	-10.58	-47.84	0.00	0.00	0.00	0.00	-8.62	-43.99
30	洛阳	0.00	-12.49	0.00	0.00	0.00	-8.24	0.00	0.00
31	南昌	0.00	-10.44	0.00	0.00	-0.05	0.00	0.00	0.00
32	南京	-34.21	-68.59	-14.52	0.00	-1.64	0.00	-13.30	0.00
33	南宁	0.00	-53.58	-29.42	0.00	0.00	0.00	0.00	-67.59
34	南通	-16.22	0.00	-57.75	0.00	0.00	-11.14	0.00	-36.37
35	南阳	-40.36	-48.45	-19.58	-37.87	0.00	-6.00	0.00	-38.53
36	宁波	-50.45	0.00	0.00	-7.62	-19.70	0.00	0.00	0.00
37	青岛	0.00	-8.61	0.00	0.00	-22.70	-0.96	-25.24	0.00

续表

序号	城市	Z1	Z2	Z3	Z4	Z5	Z6	Z7	Z8
38	泉州	-82.84	-20.85	0.00	-94.10	-5.57	0.00	0.00	-25.57
39	厦门	0.00	0.00	-35.04	0.00	-13.67	0.00	0.00	0.00
40	绍兴	-67.09	-69.40	-1.98	-75.32	0.00	-19.40	0.00	-57.73
41	深圳	-57.96	-62.24	-56.15	-61.66	-45.21	-19.67	0.00	0.00
42	沈阳	0.00	-27.96	0.00	0.00	0.00	0.00	-10.81	0.00
43	石家庄	65.51	33.78	29.57	0.00	75.89	0.00	0.00	22.18
44	苏州	-47.76	0.00	-51.37	-17.57	-5.08	0.00	0.00	0.00
45	大原	181.38	0.00	12.85	199.14	7.97	0.00	17.79	206.37
46	泰安	0.00	0.00	0.00	0.00	0.00	-13.51	0.00	0.00
47	唐山	0.00	-67.65	0.00	0.00	0.00	-7.07	-7.46	0.00
48	威海	-70.83	0.00	-98.37	-36.71	0.00	-16.70	0.00	-33.27
49	潍坊	29.61	0.00	0.00	86.78	57.57	0.00	0.00	115.62
50	温州	-72.72	-3.39	0.00	-82.22	0.00	-26.46	0.00	-65.14
51	乌鲁木齐	0.00	0.00	0.00	-2.77	0.00	-21.21	-16.42	0.00
52	无锡	-43.83	-54.98	-56.61	-40.57	-25.71	-4.62	0.00	-10.54
53	芜湖	-80.12	-47.19	0.00	-23.10	0.00	0.00	-4.91	-34.40
54	武汉	0.00	-54.22	0.00	0.00	0.00	0.00	0.00	0.00
55	西安	0.00	-40.81	0.00	0.00	0.00	0.00	0.00	0.00
56	西宁	0.00	-37.49	0.00	0.00	0.00	-14.28	0.00	0.00

续表

序号	城市	Z1	Z2	Z3	Z4	Z5	Z6	Z7	Z8
57	咸阳	0.00	-48.21	-9.98	-6.26	0.00	0.00	0.00	-15.47
58	襄阳	-10.03	0.00	-30.90	0.00	0.00	0.00	-16.42	0.00
59	徐州	-63.36	-71.55	-56.97	-45.60	0.00	-23.32	0.00	-29.37
60	烟台	0.00	0.00	-54.24	0.00	0.00	0.00	-20.16	-6.75
61	银川	-61.37	0.00	0.00	-39.92	-47.16	-7.33	-1.37	-64.05
62	榆林	0.00	0.00	0.00	0.00	-22.88	0.00	-41.99	-1.32
63	漳州	-81.98	-85.37	-97.33	-74.26	0.00	-23.45	0.00	-29.56
64	镇江	-64.07	0.00	-3.92	0.00	-4.48	-4.51	-10.54	-30.52
65	郑州	0.00	-17.80	-1.41	0.00	0.00	-2.43	-16.17	0.00
66	中山	-95.02	-39.41	-98.44	-88.89	-6.99	-26.78	0.00	-41.75
67	株洲	-48.34	-79.80	0.00	-19.63	0.00	-5.43	0.00	-1.86
68	淄博	0.00	0.00	0.00	0.00	0.00	0.00	-23.50	0.00

参考文献

［1］厉无畏：《创新型城市建设与管理研究》，上海科学院出版社 2007 年版。

［2］约瑟夫·熊彼特：《经济发展理论》，何畏等译，商务印书馆 1990 年版。

［3］傅家骥：《技术创新学》，清华大学出版社 1998 年版。

［4］陈曼青、张涛：《创新型城市研究的历史追溯》，《当代经济》2016 年第 6 期。

［5］杨冬梅、赵黎明、闫凌州：《创新型城市：概念模型与发展模式》，《科学学与科学技术管理》2006 年第 8 期。

［6］杨冬梅：《创新型城市的理论与实证研究》，博士学位论文，天津大学管理学院，2006 年。

［7］杜辉：《"创新型城市"的内涵与特征》，《大连干部学刊》2006 年第 2 期。

［8］王续琨：《创新型城市的内涵及其特征》，第二届中国科技政策与管理学术研讨暨科学学与科学计量学国际学术论坛 2006 年论文集，大连，2006 年。

［9］金吾伦、李敬德、颜振军：《北京如何率先成为创新型城市》，《前线》2006 年第 2 期。

［10］M. 卡斯特尔、P. 霍尔：《世界的高技术园区：21 世纪产业综合体的形成》，李鹏飞译，北京理工大学出版社 1998 年版。

［11］吴煜：《新经济环境下的城市创新模式探讨——以沪宁城市带为例》，《人文地理》2003 年第 1 期。

［12］李英武：《国外构建创新型城市的实践与启示》，《前线》2006 年第 2 期。

［13］代明、王颖贤：《创新型城市研究综述》，《城市问题》2009 年第 1 期。

［14］汤培源、顾朝林：《创意城市综述》，《城市规划学刊》2007 年第 3 期。

［15］蒋晓岚：《创新型城市建设的国内实践和基本模式研究》，《中国城市经济》2010 年第 10 期。

［16］李钟文：《硅谷优势：创新与创业精神的栖息地》，人民出版社 2002 年版。

［17］邹德慈：《构建创新型城市的要素分析》，《中国科技产业》2005 年第 10 期。

［18］段杰、朱丽萍：《城市创意产业园区空间演化与集聚特征及其影响因素分析——以深圳为例》，《现代城市研究》2015 年第 10 期。

［19］尤建新等：《创新型城市建设模式分析——以上海和深圳为例》，《中国软科学》2011 年第 7 期。

［20］魏亚平、贾志慧：《创新型城市创新驱动要素评价研究》，《科技管理研究》2014 年第 19 期。

［21］冯之浚：《可持续发展与技术创新》，《中国人口·资源与环境》2000 年第 2 期。

［22］韩江波、蔡兵：《创新型城市：核心要素模型和国外案例研究》，《创新》2008 年第 4 期。

［23］黄少波：《创新城市的理念及其建设》，《桂林电子工业学院学报》2005 年第 3 期。

［24］余杨、林承亮：《建设创新型城市的实证研究初探——以宁波市为例》，《特区经济》2007 年第 7 期。

［25］克里斯托弗·弗里曼：《技术政策与经济绩效：日本国家创新系统的经验》，张宇轩译，东南大学出版社 2008 年版。

［26］迈克尔·波特：《国家竞争优势》，李明轩、邱如美译，中信出版社 2012 年版。

［27］石定寰、柳卸林：《建设我国国家创新体系的构想》，《中国科技论坛》1998 年第 5 期。

［28］廖德贤、张平：《区域创新系统中的城市创新系统》，《科技情报开发与经济》2005 年第 5 期。

［29］隋映辉：《城市创新系统与"城市创新圈"》，《学术界》2004 年第 3 期。

［30］胡志坚、苏靖：《区域创新系统理论的提出与发展》，《中国科技论坛》1999 年第 6 期。

［31］柳卸林、胡志坚：《中国区域创新能力的分布与成因》，《科学学研究》2002 年第 5 期。

［32］《国家中长期科学和技术发展规划纲要（2006—2020 年）》，《中华人民共和国国务院公报》，2006 年。

［33］黄鲁成：《关于区域创新系统研究内容的探讨》，《科研管理》2000年第 2 期。

［34］王祥兵、严广乐、杨卫忠：《区域创新系统动态演化的博弈机制研究》，《科研管理》2012 年第 11 期。

［35］赵黎明、李振华：《城市创新系统的动力学机制研究》，《科学学研究》2003 年第 1 期。

［36］范柏乃、单世涛、陆长生：《城市技术创新能力评价指标筛选方法研究》，《科学学研究》2002 年第 6 期。

［37］中国科技发展战略研究小组：《解读中国区域创新能力评价》，《科学学与科学技术管理》2003 年第 5 期。

［38］刘顺忠、官建成：《区域创新系统创新绩效的评价》，《中国管理科学》2002 年第 1 期。

［39］周勇、冯丛丛：《刍议创新型国家（省、市）的评价指标体系》，《科学与管理》2006 年第 3 期。

［40］孙丽杰、刘希宋：《区域技术创新体系评价模型研究》，《物流科技》2005 年第 3 期。

［41］刘杰：《区域技术创新能力比较研究》，《科技与经济》2006 年第 2 期。

［42］林茜：《对区域创新能力的实证分析》，《统计应用/统计教育》2006年第 1 期。

［43］庄越、曾娟：《城市技术创新原理研究》，《科学管理研究》2002 年第 2 期。

［44］薛风平：《城市技术创新能力测评及实证分析》，《中共青岛市委党校、青岛行政学院学报》2005 年第 2 期。

［45］杨华峰等：《创新型城市的评价指标体系》，《统计与决策》2007 年第 6 期。

［46］谢攀：《创新型城市指标评价体系问题研究》，硕士学位论文，西北大学，2008 年。

［47］朱凌等：《创新型城市发展状况评测体系研究》，《科学学研究》2008 年第 1 期。

[48] 李继勇、张艳红、任向阳、刘历波：《城市技术创新能力的评价分析》，《数学的实践与认识》2005 年第 6 期。

[49] 宋德勇：《城市创新能力评价研究——理论探讨与副省级以上城市案例》，硕士学位论文，中国海洋大学，2006 年。

[50] 顾瑜婷、梅强：《城市创新能力的模糊综合评审研究》，《商业研究》2006 年第 7 期。

[51] 张立柱等：《山东省城市创新能力的 HCA 评价》，《科技管理研究》2007 年第 1 期。

[52] 周天勇、旷建伟：《中国城市创新报告（2015）》，社会科学文献出版社 2015 年。

[53] 张洁、刘科伟、刘红光：《我国主要城市创新能力评价》，《科技管理研究》2007 年第 11 期。

[54] 张文雷、刘则渊、姜照华：《创新型城市的评价指标体系与大连的发展目标》，第二届中国科技政策与管理学术研讨暨科学学与科学计量学国际学术论坛 2006 年论文集，大连，2006 年。

[55] 范德成、周豪：《区域技术创新能力评价的因子分析法研究》，《工业技术经济》2006 年第 3 期。

[56] 邵云飞、唐小我：《中国区域技术创新能力的主成份实证研究》，《管理工程学报》2005 年第 3 期。

[57] 吴显英：《区域技术创新能力评价中的因子分析》，《哈尔滨工程大学学报》2003 年第 2 期。

[58] 邵云飞、谭劲松：《区域技术创新能力形成机理探析》，《管理科学学报》2006 年第 4 期。

[59] 刘中文、姜小冉、张序萍：《我国区域技术创新能力评价指标体系及模型构建》，《技术经济与管理研究》2009 年第 1 期。

[60] 刘耀彬、王启仿、宋学锋：《转型时期中国区域技术创新能力评价与分析》，《科技进步与对策》2004 年第 9 期。

[61] 易伟明、刘满凤：《区域创新系统创新绩效分析与评价》，《科技进步与对策》2005 年第 3 期。

[62] 刘新明、李芳、李晰：《基于 DEA 的城市自主创新能力综合评价体系研究》，《滨州学院学报》2010 年第 1 期。

[63] 吴明隆：《结构方程模型：AMOS 的操作与应用》，重庆大学出版社 2010 年版。

[64] 段利忠、刘思峰：《灰色聚类分析法评价城市创新能力》，《北京工

业大学学报》2003 年第 4 期。

［65］申锦标、吕跃进：《一种基于向量贴近度的组合赋权方法》，《重庆工学院学报》（自然科学版）2009 年第 2 期。

［66］韩轶、唐小我：《一种新的多指标综合评价方法的优化选择思路》，《电子科技大学学报》1999 年第 3 期。

［67］王霞、马蔷：《集对分析方法及其它数学分支中的应用》，《辽宁工程技术大学学报（自然科学版）》2001 年第 5 期。

［68］梅振国：《灰色绝对关联度及其计算方法》，《系统工程》1992 年第 5 期。

［69］水乃翔、董太亨、沙震：《关于灰关联度的一些理论问题》，《系统工程》1992 年第 6 期。

［70］张绍良、张国良：《灰色关联度计算方法比较及其存在问题分析》，《系统工程》1996 年第 3 期。

［71］谢乃明、刘思峰：《几类关联度模型的平行性和一致性》，《系统工程》2007 年第 8 期。

［72］王清印：《灰色 B 型关联分析》，《华中理工大学学报》1989 年第 6 期。

［73］郭亚军：《综合评价结果的敏感性问题及其实证分析》，《管理科学学报》1998 年第 3 期。

［74］达尔尼夫：《知识经济》，珠海出版社 1998 年版。

［75］白晶：　《全球化背景下政府中介配合的城市科技创新模式探索——基于德国慕尼黑城市科技创新建设经验》，《城市观察》2010 年第 5 期。

［76］韩增林、郭建科、杨大海：《副省级城市创新型城市建设比较研究——兼论大连市创新能力的成长与提升》，《城市问题》2008 年第 11 期。

［77］魏颖辉、陈树文：《创新型城市高水平人才的培养与凝聚机制研究》，《科技进步与对策》2006 年第 12 期。

［78］姚微：《高校对区域技术创新能力的影响》，《科技管理研究》2009 年第 9 期。

［79］Charles Landry, *The Creative City*: *A Toolkit for Urban Innovators*, 1st ed. London: Earthsean Publications Ltd. , 2000.

［80］Peter Hall. *Cities in Civilization*, England: Orion Publishing, 2006.

［81］Peter Hall, "Creative Cities and Economic Development", *Urban Stud-*

ies（Routledge），Vol. 37，No. 4，2000.

[82] James Simmie, *Innovative Cities*, London：Spon Press，2001.

[83] Hospers, Gert Jan, "Creative Cities：Breeding Places in the Knowledge Economy", *Knowledge, Technology & Policy*, Vol. 16, No. 3, 2003.

[84] Joreskog, K. G. , "Some Contributions to Maximum Likelihood Factor Analysis", *Psychometrika*, Vol. 34, 1967.

[85] Davis, F. B. , "Fundamental Factors of Comprehension in Reading", *Psychometrika*, No. 9, 1944.

[86] Kano, Y. , Ihara, M. , "Identification of Inconsistent Variates in Factor Analysis", *Psychometrika*, No. 59, 1994.

[87] Yutaka Kano, Akira Harada. "Stepwise Variable Selection in Factor Analysis", *Psychometrika*, No. 65, 2000.

[88] Farrell, M. J. , "The Measurement of Productive Efficiency", *Royal Statistical Society*, Vol. 120, No. 3, 1957.

[89] Charnes, Cooper, Rhodes, "Measuring the Efficiency of Decision Making Units", *Operational Research*, Vol. 12, No. 6, 1978.

[90] Banker, Charnes, Cooper, "Some Models for Estimating Technical and Scale Inefficiencies in Data Envelopment Analysis", *Management Science*, Vol. 30, No. 6, 1984.

[91] Charnes, Cooper, Morey, Rousseau, "Sensitivity and Stability Analysis in DEA", *Annals of Operations Research*, No. 2, 1985.

[92] Tone, K. , "A Slacks－based Measure of Super－efficiency in Data Envelopment Analysis", *European Journal of Operational Research*, Vol. 143, No. 1, 2002.

[93] Bollen, K. A. , *Structural Equations with Latent Variables*, Toronto：John Wiley & Sons, 1989.

[94] Cliff, N. , "Some Cautions Concerning the Application of Causal modeling Methods", *Multivariate Behavioral Research*, No. 18, 1983.

[95] Wall, M. M. , Li, R. , "Comparison of Multiple Regression to Two Latent Variable Techniques for Estimation and Prediction", *Stat Med*, No. 22, 2003.

[96] Hospers, Gert Jan, "Creative Cities：Breeding Places in the Knowledge Economy", *Knowledge, Technology & Policy*, Vol. 16, No. 3, 2003.

[97] Mazza, Luigi, "The Innovative City in History", *International Journal*

of Urban & Regional Research, Vol. 25, Issue 4, 2001.

[98] Porter, M., Stern, S., *National Innovative Capacity*, *World Economic Forum*, The Global Competitiveness Report 2001 – 2002, New York: Oxford Univercity Press, 2002.

[99] Cooke Phil, "Global Bioregions: Knowledge Domains, Capabilities and Innovation System Networks", *Industry & Innovation*, No. 12, 2006.

[100] Lorenzen, M., *Specialization and Localized Learning*, Copenhagen: Copenhagen Business School Press, 1998.

[101] Lundavall, *National Systems of Innovation*, London: Pinter Publisher, 1992.

[102] Mansfield, E., *The Economics of Technological Change*, New York: W. W. Norton and Company, 1971.

[103] Furman, J. L., Porter, M. E., Stern, S., "The Determinants of National Innovative Capacity", *Research Policy*, Vol. 31, No. 6, 2002.

[104] Rothwell, R., "Successful Industrial Innovation: Critical Factors for the 1990s", *Research and Development Management*, Vol. 22, No. 3, 1992.

[105] Freeman, C., *The Economics of Industrial Innovation*, London: 1982.

[106] Elson Szeto, *Innovation Capability: Working Towards a Mechanism for Improving Innovation within an Inter – organizational Network*, No. 2, 2000.

[107] Mark Perlman, *Entrepemeurship, Technological Innovation, and Economic Growth*, The University of Michigan Press, 1992.

[108] Maryann Feldman, P., David Audrestch, B., "Innovation in Cities: Science – based Diversity, Specialization and Localized Competition", *European Economic Review*, Vol. 43, No. 2, 1999.

[109] Peter Karl Kresl, *The Determinants of Urban Competitiveness: A Survey North American Cities and the Global Economy*, Thousands Oaks, CA: Sage Publications, 1995.

[110] Solow, R. M., "Technical Change and Aggregate Production Function", *Review of Economics and Statistics*, Vol. 39, No. 3, 1957.

[111] Lain Begg, *Urban Competitiveness: Policies for Dynamic Cities*, Bris-

tol: The Policy Press, 2002.

[112] James Simmie, *Innovative Cities*, London: Spon Press, 2001.

[113] J. Simmie, "Innovation and Urban Regions as National and International nodes for the Transfer and Sharing of Knowledge", *Reg Stud*, No. 37, 2003.

[114] Gert Jan Hospers, "Creative Cities in Europe: Urban Competitiveness in the Knowledge Economy", *Inter - economic*, Vol. 38, No. 5, 2003.

[115] Johnson, B., "Cities, Systems of Innovation and Economic Development", *Innovation: Management, Policy & Practice*, No. 10, 2008.

[116] Robert J. Rogerson, "Quality of Life and City Competitiveness", *Urban Studies*, 1999.

[117] Simmie, J., Wood, P., "Innovation and Competitive Cities in the Global Economy: Introduction to the Special Issue", *European Planning Studies*, No. 2, 2002.

[118] Michael, E., Porter, "The Economic Performance of Regions", *Regional Studies*, No. 11, 2003.

[119] Asheim, T., "*Interactive, Innovation Systems and SME Policy*", the EGU Commission on the Organization of Industrial Space residential conference, 1998.

[120] OECD, *OECD Science Technology and Industry Scoreboard*, http://www.oecd.org.

[121] European Commission, *European Innovation Scoreboard*, http://www.oecd.org.

后　记

　　岁月流逝，逝去的是光阴，留下的是积淀。在论著的末尾，总有这样的一段文字，记载着写作过程中的艰辛和努力，承载着科研路上的感恩之情。

　　本人从事过多年的地方党委、政府工作，对于创新型城市建设在城市创新发展、转型发展过程中的重要意义，有着更加直接的理解。在高校工作后，依托良好的科研环境，我与我的科研团队在自己博士论文的基础上，申请国家社会科学基金后期资助项目，又从理论和实践相结合的角度系统地对创新型城市建设进行思考。基于此，本人和课题组的同事们对创新型城市建设做深层次的研究，希望探究影响创新型城市建设中的主要因素、研究城市创新能力评价方法，并联系宁波实际分析提出提升城市创新能力的战略对策，为地方政府提供决策参考。

　　论著的写作过程凝聚着许多同志的付出，要感谢的人实在太多。在博士论文写作阶段，感谢同济大学导师霍佳震教授，常常在繁忙的工作之中抽出时间来，在谋篇布局、研究思路和研究方法上给予我悉心指导，其真知灼见历历在目，导师宽广的研究视野、严谨的处事态度和深厚的学术造诣是我的学习楷模。感谢宁波工程学院的荆广珠、陈洪波教授，宁波城市职业技术学院钱斌华博士，宁波大学硕士研究生王婷同学及美国来校访问学者彭诚教授等，他们一起与我申报并完成了创新城市方面的课题研究，而且在本书的写作过程中，帮助我收集数据和资料，多次进行研究方法的探讨，提出许多富有建设性的建议和意见。这些建议和意见，在博士论文的写作中都得到了体现。在此，对于所有指导帮助我完成论文的老师、同事和朋友们表示最诚挚的谢意。在后期资助课题工作中，衷心感谢宁波大学商学院许继琴教授、杨丹萍教授以及课题组成员曾守桢副教授、钱斌华博士、李贵萍博士、李振波硕士研究生。他们分别承担了课题相关章节的具体写作、数据收集、文稿统筹等方面的工作，为课题的顺利完成和本书的出版做出辛勤劳动，正是大家一起的努力和许多同事的无私帮助，才有今天的研究成果。

　　我将以本书的完成为新的起点，在新的征程上继续努力，不断地深化研究，不断地深入思考，不断地拓宽领域，更加紧密地联系区域经济社会发展实际，运用管理科学的理论解决实践问题，更好地为区域经济社会发展做出新的更大贡献。

郭华巍

2017 年 6 月 21 日